Enjoy是欣賞、享受，
以及樂在其中的一種生活態度。

種下200%的樂活幸福

林義隆 著

會不會太幸福了？

夏天的夜晚，我們一家四口到住家附近高台，躺在綠色跑道上，仰看滿滿星斗。兒子說：「流星劃過前，許願要講三次才有用。」我們討論如何快速許下只有一兩個字的短願，才來得及在流星快速墜落前說出來。

靜靜的夜、涼涼的風，有時候躺著躺著就睡著了。

這是我們家專屬的夏夜星空。我們會不會太幸福了？

兒子第一次種菜，只有半張榻榻米大，
但從除草、鬆土、做畦、播種、澆水、覆蓋乾草，完全一手包辦。
兒子不只對萵苣噓寒問暖，還唱歌給它們聽！
萵苣感受到兒子的愛，一天天長大。

那陣子我們全家的晚餐幾乎都有燙萵苣、炒萵苣。

感受到兒子的愛的萵苣

一定會活的！

我們雖是夫妻，個性卻完全不一樣。我看到剛種下的地瓜苗奄奄一息，很擔心，太太卻總是樂觀的說：「一定會活的！」果然，地瓜苗感受到太太的支持、鼓勵，都順利長大。

而太太的樂天知足，也慢慢感染嚴謹、保守的我。

懸在半空的心

在國小「村校聯合運動會」前，兒子說，他要去住家後方的農地馬路跑步，要一直跑到遠處的飛行傘降落場，再繞一大圈回來。

身為父親，我樂見他為目標而努力，但我仍會擔心，所以我坐在院子裡，一直等到天色深沈中，遠遠看到一個小人兒跑回來，我的心才放下。

小小越野馬拉松

八歲的兒子只有一百二十公分，是二年級裡最瘦小的。

兒子腿短，出發後就比別人慢，但卻跑進中低年級組的前六名，他為自己的成績很興奮。

兒子想著將來要跑更遠、更快……

選上女籃隊

幾乎不太會打籃球的女兒，因個頭高，被選上學校女籃隊。

不再被痛宰

一次比賽，女籃隊被鄰近國小痛宰，抱了鴨蛋，拿下最後一名。

為了今年的籃球賽，靦腆的女兒竟然主動約我，希望我用半天指導她們。

看來女兒很想在今年的籃球賽討回點面子，以至於連爸爸的校隊身分曝光都不顧了。

比賽前一天，女兒還一再叮嚀我們不要去看球賽。

那天下午下起滂沱大雨，老天爺賜給我們一個安心的理由——不去農地工作，專心看球賽。

她們贏球了，十二比八。

這是第一次贏球，而且還創下她們有史以來最高得分紀錄！

兒子超齡演出

想不到兒子鋸起樹枝卻很有力道，把鋸子前後推幾十下，枝幹切口逐漸加深，然後一手扶住枝幹，另一手將鋸子往回拉幾下，漂亮的完成最後鋸斷的動作。重重的枝幹再應聲落地，也沒打到腳。

我檢查樹幹新鮮的鋸切斷面，表面平整，位置正確，實在是超齡的演出。

寶兒子

某天全家臨出門，大家都上車了，
我在院子門口四處張望，仍不見兒子蹤影，
正有點火氣時，
兒子滿臉是血、嚎啕大哭的騎著腳踏車進來……

兒子哭著說：「我把眼睛閉上，想看看自己閉眼後，
還可不可以騎得直直的，沒想到就……」
兒子最後理直氣壯地說：「我一定可以騎得很直的，
怎麼可能會掉入水溝？」

返璞山野生活

一位朋友住在山頭，我們去拜訪時，一眼看見一個用海邊漂流木搭起的眺望台，近兩層樓高。幾年前，朋友和我一樣仍是個上班族，幾年來，無師自通學會一身本領、成為山野生活的實踐者。

【推薦序】

萌生一個幸福的芽！

陳惠雯（秀明自然農法協會理事長）

如果說，有什麼叫「命中注定」，那麼認識義隆夫妻，應該就是這麼一回事吧！

第一次和義隆夫妻在田裡見面，聽說他們是從竹科來的，我當時心想：「不會吧……」因為眼前這對夫妻，尤其是這位先生，身材不像！氣質不像！背景更不像！「只是想想而已吧！」通常都是這樣的。許多人嚮往陶淵明的田園生活，卻完全不了解「農」不是只有「浪漫」，也有「不輕鬆」的一面，不過因為聽說義隆兩夫妻要「移民台東」了，所以也許他們是「玩真的」。

我們非常歡迎義隆的老婆，每個星期「北上」來上課，於是，從此有超好吃的楊桃和鳳梨可以吃。這不是幸運，是什麼呢？

第一次吃到義隆的楊桃，讓我對「楊桃」徹底改觀。才拿出盒子，遠遠地，就散發出誘人的香味。

因為沒使用農藥，在衣服上擦一擦，就可以送到嘴裡。才一入口，濃濃的楊桃香，就滿溢於口中。更別說，連邊都可以不削，也沒有一絲澀味，可以從頭吃到尾呢！

於是，我心目中的「楊桃達人」，就屬義隆啦！但，不公平的是，為什麼連「鳳梨達人」的頭銜也被義隆拿走了啊！

如果你以為我是因為與義隆「私交好」才為這本書作推薦，那你就想錯了！義隆和我不同，他感性與理性兼具，不像我過於感性，以至於讓理性的人感到不安。義隆是個很「科學」的人，凡事講求「證據（或數據）」。他認真求知，不愧是由竹科出走的，而且還具備蒐集資料、統合資訊的「超能力」。

義隆估算起成本效益時，簡直讓人懷疑他，頭腦裡是不是有一架電腦？瞬間就運算起來，令我好佩服！

尤其是辦研討會時，那種以「五分鐘內誤差」為時間管控要求，精確計算移動、休息、發表……等活動流程，完全令腦袋裡幾乎只有「春夏秋冬」的我嘆為觀止。

話雖如此，一旦說起了老婆、孩子，卻也會讓人感受他溫柔的關愛，彷彿正輕輕柔柔地包裹起生命轉變的每個片段。

乍看之下，也許你會以為義隆現在平凡的生活，是因為他有著不平凡的工作背景，而顯得格外不平凡。但其實在忙碌的二十一世紀，特別是這個以「經濟」為社會的唯一目標；以「升學」為學生唯一職志的台灣，義隆的平凡生活，卻早已經悄悄變成「難事」了。

就如同，清粥小菜已經被三明治取代，那些全家人一起吃著媽媽親手做的早餐的溫暖感受，早已經變成令人懷念的記憶了，更別說有些家庭，連三餐都很難得在家裡吃呢。

所以在全球經濟不景氣的漩渦中，如果我們有時間感嘆生活不好過，為什麼不利用這些時間，為家人煮頓飯、陪孩子打打球、和自己對話？我們為什麼不努力找出那些不需花大錢，卻可以讓自己活得更好的方法？

平凡也能很幸福，只要在活著的當下，多用點心，而不是多用點錢。看了這本書，我有了更深刻的感受。

當然，如果你也是嚮往田園生活的一分子，義隆也提供許多值得參考的訊息，讓你可以更容易貼近農夫生活。我也期待當你遇到這本書時，有機會在你身上萌生一個幸福的芽！

【序曲】

你們對我的九大疑問

二〇〇六年二月，移民台東半年後，我轉到第二個工作，這是一個有機農園，堅守有機農耕十五年。這一年農園的民宿建設完成，老闆希望將民宿建立成有機農耕的分享平台，我被感動，於是加入了農園團隊，負責農園民宿，老闆則繼續專心耕種。

一旦投入就義無反顧，我希望快點幫老闆做出成績，於是宛如過去十五年多在科學園區工作一樣，我經常在農園待到很晚，也很少回家吃晚飯，僅有的每週一天假日，通常是小孩要上學的日子。這當然不是我們原先移民來台東想務農的初衷，所以我計畫在農園幫忙約兩年，將其基礎建立好後，就能回到正軌。

太太不等我，從那一年的三月起先借了一塊空地，在小孩到學校後就投入她的農夫生活。只有一個人、一把鋤頭與耙子，她快樂地陸續種了一千多株玉米、二十多株木瓜、山藥、四季豆、地瓜、綠豆、秋葵等作物。

一個是家庭主婦兼農夫，一個是專心於有機農園民宿的經理，我們與台東的生活只有一點交集，離原先夫妻共同務農的想法滿遠，但我已答應對方兩年，也不能就這樣撒手不管。不過緣分就是這麼奇妙，在二〇〇六年七月，一個偶然的因緣際會，讓我得以沒有虧欠的離開農園，回到原先想過的農夫生活。

為了有足夠面積種植維生，我們下定決心拿出積蓄買了第二塊農地。這片農地大約是七分，有三分空地，另有已種了十年的楊桃樹，連旁邊可長租的楊桃樹加起來總共兩百多株。

我們買土地用去了在科學園區累積的大部分積蓄，展望未來，無路可退，不過也得其所愛，而我真的已成為靠土地為生的專職農夫了。

在台灣，農業沒落，大多數人都不認為有前途，在加入WTO的衝擊下，農夫的生活更是艱困。農業所得只佔農家平均收入的百分之二十，根本無法賴以維生。我們放棄電子業高薪當農夫已是頭殼壞去，竟然還要挑戰「秀明自然農法」——不用農藥，不用肥料，甚至連有機肥也不用，許多農夫與專家都搖頭認為不可能！一個沒經驗的菜鳥農夫，竟然妄想崇高的農耕理念，妄想證明只用農業收入就能養家活口，以及教育兩個仍讀國小的孩子？

許多許多的懷疑不斷出現，有些是關心的朋友小心地問，有些是陌生的人脫口而出，有些是自己安靜時想到。對於這些疑問，我只有一些答案。

我們不確知未來的生活會怎樣，不過心中有個藍圖與想像，希望可以花時間與心血去落實。

當了農夫，不安的感覺偶爾還是會飄過腦海，但如同在黑暗的隧道中，只要看到一點光線，就知道前方有個出口。我們雖然心懷一點不安，但也有更多的篤定，相信當我們勇敢的走向前方，無論前方的道路如何，我們都已試過，也都已走過！

將近四年的移民，三年的農業生涯，日子一天天過去，沒有成功與失敗、沒有激情與浪漫，這本書是我們這段時間的生活紀錄。對別人來說，不過是一個茶餘飯後的閒談而已，但對我們來說，卻是腳踏實地的走過，留下的一家的回憶，改變的是一家的生命，至於有多少讀者會受到啟發或發出訕笑，這已不是我最關心的。

最感謝的是我的父親，容忍兒子做這樣的生活遽變，而且還願意一起到台東生活，也讓我有機會陪他走完生命的最後一程；其次是純真素樸的太太，讓我想以農業生活與她長相廝守，共度白頭；還有感謝我的小孩，他們陪著父母的轉變而成長，並帶給我們許多快樂；最後感謝一群農業上的夥伴互相提攜，讓我能堅持下去，當然也感謝持續支持我們家農作物的消費者。

陌生的讀者們，也許您還是有許多疑問，在展書之前，我就先簡要回答吧！

一、何時有移民台東的念頭？

有一次上班前，女兒鬧彆扭不想上學，我好勸歹說不成，一氣之下，重手打了女兒，結果女兒更強硬的回應──她賭氣一星期不去幼稚園上學。

當時讓我驚覺，是否工作的壓力已被無意中帶到家庭生活？是否我與小孩的疏離已愈來愈明顯？這是個讓我開始反省工作與生活平衡的起點，內心開始想要過不一樣的平衡生活。

接下來的歲月中，我在平衡生活與事業企圖的兩極之間不斷擺盪，終於在兩年多後，在職務調整時出現生命的出口，我大幅度的將人生擺到了平衡生活的一端，這才有接下來書中所描述的生活。

二、不擔心經濟來源不穩定嗎？

鄉下的生活簡單，食物部分自給自足，沒有太多物質的消費，租屋也便宜，就算收入不多，也可以衣食無缺。我們的農作物都是經過思考後才種植，多樣的作物足以避開全軍覆沒的天災風險，也可以避免收入歸零。只要認真耕種、堅持純淨的農耕原則，我們相信一定可以找到願意支持的消費者。所以只要有生產，有銷售就有收入，也就不用擔心了。

三、不擔心適應問題嗎？家人都支持嗎？沒有人反對嗎？

我太太對農耕生活很嚮往，也很願意做，這是促成我們轉變的動力。我們夫妻倆的父母都很開放，所以轉作農夫不會有太大的阻力。只有當年仍是小學四年級的女兒有過短暫的不適應，但後來她也覺得鄉間生活滿好的。我們很幸運，能在進入中年前追求自己想過的生活。

四、不擔心孩子在鄉下，沒有競爭力嗎？以及比不上都市的教學資源嗎？

我們所選擇的鄉村，從國小到國中都有許多認真用心的老師，孩子得到更多的關注，學校教學正常，不強調競爭，同學關係親近，這是都會區所無法提供的安定感受。而小孩教育除了學校，父母角色更重要，做了農夫有更多自由時間能照顧小孩，給予更多關心。鄉下自然資源多，圖書館、藝術、科學等資源，只要用心找也不缺乏。我們不期待小孩能拿到測驗狀元，也不強求能考入一流大學，只要他長大是個踏實的公民，發揮其專長，這樣就夠了。

五、從科學園區研發與業務工作轉到農夫生涯，我怎麼說服自己？

對轉型成農夫來說，我從來不覺得是困難，只要願意，一定都做得來，這是我一向的想法。比較難的反而是價值觀的重建，如果心中認為農業是低下的行業，那由科學園區轉來一定充滿挫敗，因為心裡無法自尊自重。

我很幸運，在科學園區時就已接觸如生態保育、環保等觀念的洗禮，也發現人生有比只是賺錢更重要的事，所以當我發現在科學園區的責任與緣分已了了，離開就是很自然的事，無所謂說服的過程。

六、如果失敗了，怎麼辦？

人生無所謂失敗，只有走過，做農更是如此。

如果失敗意指破產，那擁有可生產農地的農夫只要不亂投資，不會有破產問題；如果失敗意指入不敷出，那就降低支出，多辛苦種植一點；如果失敗意指無法擁有豪宅、地位與名車，那只要改變價值觀，更永遠不會失敗。享受生活快樂與踏實就是成功，注重外在的物質與虛幻才是失敗。

七、我如何面對他人認為我是個奇怪的人的眼光？

對我而言，他人的眼光與看法不是很重要，摸著良心與良知，能不愧對社會與人群，這樣的自我檢視才更重要。人活著能做自己想做的事，不害人、不擾人，願意對社會付出、願意愛人，這樣就值得了。如果到了中年，還天天在乎別人怎麼想，天天想討好別人，那是很可悲的。

八、我追求的究竟是什麼樣的生活？

我們希望活在大自然的懷抱裡，所用、所居、所費都能隨年紀漸增而漸趨簡單，能盡量自給自足，學會欣賞與包容萬事萬物。身邊有老妻，遠方有老友、架上有好書。

賺錢維生能用對環境與人傷害最少的方法。

賺錢維生之外，還能對社會的弱勢者或不公不義現象有點改善。

九、我再也不回都市了嗎？

也許將來小孩長大離開，我們老到做不動農事了，會有可能回到都市生活。但現在與可預見的歲月，我們愛上鄉村生活，每次回到都市就有不舒暢的感覺，希望能快回到鄉下，所以最有可能的是：我們將來就老死在這新的故鄉吧！

目錄

卷一　我們全家的轉變

卷二　我們的樂活幸福

附錄

卷一

我們全家的轉變

清晰卻陌生的感覺

我們很快就要變成農民，過去的科技人身分已不再具有意義。我更不能再抱著「大不了可以回去優渥高薪的安全生活」的念頭。

二〇〇六年三月，台東仍是寒風颼颼，不像印象中三月的乾爽、溫暖。這個冬天冷鋒來去無常，經常早晨陽光普照，令人雀躍，讓人急著脫掉厚重冬衣，但一過中午，冷冷東北風倏然吹起，只好再將冬衣穿回去。

以前住在新竹或台北，不曾感受過如此變化迅速的天氣。台東陌生的氣候，使一向少生病的小孩也接連感冒。

自新竹全家移民至台東八個月後，我們終於感受到台東的陌生。但陌生的並不是無常的冷天氣，這樣的冷天氣已持續兩個月了；陌生的也不是地理，台東的方位早有概念，陌生的更不是人，最近認識與接觸的台東人很多；真正心中陌生的，似乎是對未來方向愈來愈清楚後，那種清晰卻陌生的感覺。

移民台東以來我們仍是租賃而居，始終沒買到有緣的農地，心裡總是很不踏實，畢竟當初移民是為了圓自己的農家生活夢而來。幾個月了，看了不少農地，大大小小、遠遠近近、水田、旱地與山坡地，始終沒滿意的。

在尋覓之間，我換了在台東的第二份工作，太太也開始收成在小面積庭院練習農耕的農作物。

一月時，我們幸運地在鄰村接觸到這塊面對都蘭山、眺望花東縱谷的農地。乾淨的青山、遠眺的溪流、獨立而隱祕，有生氣的鳳梨，我和太太非常喜歡，未經多少思考，迅速決定買下這塊農地。

剛簽約後仍沒感覺，直到正式過戶後，成為這塊農地的主人，地主身分開始發酵出我們對未來農家生活的想望，我和太太開始勾勒未來要種什麼。

雖然只有三分農地，但是可以種很多果樹、灌木與蔬菜、可以做生態池、小養雞場、水上步道與門前活動場等，想像三年後的農舍住家，心裡就很興奮。

有了農地，我們對農業的想像從輕輕的碰觸，變成用力的踏實。

二〇〇五年八月租屋前荒廢的院子

未來方向愈來愈篤定且清楚，不用再尋覓要做什麼，我們希望朝著農家自給自足的生活而邁進。

什麼是自給自足的生活？我們只有來自一本書的參考目標《農莊生活手記The Goods Life新時代思潮的先鋒探險》（Helen & Scott Nearing合著），想像的方向如下：

1.經濟：以務農為生，獨立自主，不做多餘儲蓄。

2.生活：農家在地的生活。生活節奏依循農作物的生長與天氣，教育與陪伴小孩是空巢期前的重點。盡量單純、簡單的生活。

3.食物：盡量食用自己家中種植的作物，其餘食物朝簡化前進。

4.農場：預計三年後成形。農場的種植多元與多樣，符合永續栽培與尊重自然的概念，景觀以自然為考量。以「秀明自然農法」耕種、推廣與解說。

5.教育：讓小孩自重自立，喜愛自然與人群，愛物惜福，擁有感性的心靈與理性的思考。

雖然未來方向清晰了，也帶來陌生的感覺，所以我不能再想著「大不了可以回去優渥高薪的安全生活」的念頭，我們必須確實面對以農為生的經濟考驗，要拿起鐮刀、鋤頭與割草機，在土地上面對自己體力的測試，也必須真正熱愛農作、享受收成的快樂與面對歉收的輕淡。

我們很快就要變成農民，過去的科技人身分已不再具有意義。全家的生活與個人生命的豐富，要依賴這塊土地與我們的雙手。

這就是我們最想要的生活！走得下去嗎？陌生的感覺再度襲來！

但看到太太堅定的向前行動，我知道只要一起努力做，陌生就會變成篤定，而那將是另一個開始。

我們家專屬的夏夜星空

幸運時還能看到一瞬而過的流星，兒子說：「流星劃過前，許願要講三次才有用。」於是我們討論要如何許下只有一兩個字的短願，才來得及在流星快速墜落前就說出來。

住家後面的高台是有名的旅遊景點。南風吹起的假日，高台上常可見到飛行傘起飛。色彩鮮明的長形傘在天空中飄盪，不少遊客駐足欣賞，想像也隨著飛行傘遨遊天際。

我家也喜歡去車程五分鐘外的高台，總是挑遊客稀少的傍晚，坐在高台起飛跑道的綠色鋪面上，東看遠遠的都蘭山像個美人般，白雲如薄紗遮面；南看兩河匯流的溪谷，如蜿蜒枝條生長到遠處；西看高聳蒼翠的中央山脈，

美人般的月兒

深深疊疊的群山召喚；遠處山間雜居其間的布農族部落，如世外桃源遺世獨立；下方則是阡陌縱橫的大地棋盤。

看到自家竟然就在下方廣闊的村莊，像大富翁遊戲的綠色小房子般坐落腳下，心裡總覺得好奇妙。台灣不大卻也不小，我們竟挑選這裡落腳，人生際遇實非自己能完全控制。

農閒或週末的傍晚，我們偶爾到高台發呆，覺得這是台灣最美的景象之一。發呆一陣子後，心裡也像遠山般挪出了空間，心情跟著開闊舒坦。

夏天的沁涼夜晚，偶爾會來這裡躺在綠色跑道上，仰看如漆黑畫布的滿滿發光星斗。這裡光害很少，夜晚幾乎無人，聒噪的小兒子童言童語，伴著後方水池傳來的節奏蛙鳴，夏夜更顯得寧靜，星空更現璀璨。

一等星、二等星，學過觀星的大女兒告訴我們這是什麼星座、什麼星雲，不太用心的我總是聽過就算了，只想一直看著深邃的星光，想像無垠的宇宙神祕，感覺自己也飛到遠方的星星上。

偶爾有穩定速度的淡淡光點滑過，不像飛機的高度，應是高空軌道上的人造衛星；幸運時還能看到一瞬而過的流星，兒子說：「流星劃過前，許願要講三次才有用。」於是我們討論要如何許下只有一兩個字的短願，才來得及在流星快速墜落前就說出來。

靜靜的夜、涼涼的風，有時候躺著躺著就睡著了。

這是我們家專屬的夏夜星空。也許小孩很快就長大了，不會再與我們躺在地上看星星，只是，這樣的星夜是我們與小孩永遠的共同記憶，刻在心裡，永遠抹不掉，我們會不會太幸福、太懶散了？

二〇〇四年春第一次到高台，俯瞰下方村莊。

兒子的小小菜畦

我們父子倆劃定了一塊長滿野草的小小土地，大概只有半張榻榻米大，太太也贊助一包半結球萵苣的種子，兒子就開始種菜了。

太太還教兒子要對半結球萵苣說話，以表示關心。兒子就常去對半結球萵苣噓寒問暖，還為它們唱過歌！

一年級的兒子在鄉下的下午，不上安親班與才藝班，除了偶爾去同學家玩，其他時候都陪父母去農地，雖然如此，我們並不會強迫他幫忙農事，就讓他自由自在玩耍。

通常兒子在工寮裡寫完作業，會隨興的看書、盪鞦韆、找昆蟲、玩螞蟻、挖土洞、丟石頭，心血來潮時，就幫忙老爸鋸樹枝、學著使用小牛耕耘機整地，或者幫媽媽播種、挖地瓜、紅蘿蔔等等。

在耳濡目染之下，兒子似乎對農事也有基本的了解，能講出「直播」、「定植」、「育苗」等農業專有名詞，至於是否真懂就不得而知。

看兒子在農地東摸西碰的玩耍，有點無所事事，又似乎對農事有點興趣，我忍不住半強迫半鼓勵他種菜，希望兒子能自己全程種植蔬菜。我還和兒子約定好，他種的蔬菜收成後可以給家裡，或者併入朋友需要的蔬菜一起出貨。

於是父子倆劃定了一塊長滿野草的小小土地，大概只有半張榻榻米大，太太也贊助一包半結球萵苣的種子。萬事已俱備，兒子就在一月天開始了他的小菜園。

第一次親手種菜，從除草、鬆土、作畦、播種、澆水、覆蓋乾草，都是兒子一手包辦。小小個頭的兒子，拿起長長的鋤頭很可愛，不過他倒是一派認真的做事，一點都不像在玩耍。

半結球萵苣的種子終於種下了，幫他立了日期與品種的標示牌，但是只跟芝麻差不多大的種子，是否能順利長成萵苣呢？

兒子每次課後下午到菜園，第一件事就是跑去看他的半結球萵苣長出來了沒。幾天後，從土裡神奇的冒出了小小的子葉，生命真是太奇妙了！但沒放任何肥料，是否會順利長大呢？

太太教兒子要對作物說話，以表示關心。兒子就常去對半結球萵苣噓寒問暖，還為它們唱歌！

一天天的等待與期盼，兒子也經常幫忙拔除半結球萵苣旁邊的小野草、幫它們補充水分，也許萵苣感受到兒子的愛，真的一天一天長大了。

半結球萵苣的小苗雖然長大了，但過多的萵苣苗顯得太擁擠，有些小苗只好在疏苗後，被移植到兒子另闢的一小畦菜園，所以兒子的菜園又擴張了！前後過了約七十多天，終於長大到可以採收的時候了，我們快樂的將一株株萵苣割下，整理出許多一大包鼓鼓的萵苣，再連同太太種的蔬菜寄給了我的同學。萵苣是兒子歡喜贈送分享的，因為同學的兒子是他的好朋友。

幾十株的萵苣陸續採收了近兩週，最後幾天的萵苣雖然長得巨大，卻仍然翠嫩，那陣子我們全家的晚餐幾乎都有燙萵苣、炒萵苣這幾道菜。不知道是媽媽種的，還是兒子種的，總之兒子覺得「秀明自然農法」的自家萵苣味道都很棒！

不施肥，不用藥，親手種菜，蔬菜的生命從兒子的手中開始繁衍，最後再回到人體，滋養人類的生命，相信大自然的神奇力量必定在兒子的心裡留下深刻的印象。

兒子用圓鍬挖土

不管兒子長大後，是否會像瘋狂轉業為農夫的老爸一樣，也願意回鄉當農夫，但至少小時候曾為小小一畦菜園的努力，到長大後都會是兒子甜美的回憶！

院子裡快樂的兒子與同學

一定會活的！

看太太勞動量那麼大，我問她會不會覺得累，她總是回答我：「怎麼會？」

每天小孩上學後，我和太太就到田裡作農。兩個都是農業新手，農作物又是楊桃、又是剛種的十多種果樹、又是許多種類的蔬菜，農事管理複雜，每天都有做不完的農事。傍晚從農地回到家，太太仍穿著髒衣服，她得快快洗手做羹湯，料理全家的晚餐。我則先去洗澡，負責飯後的清理。忙了一整天，灰頭土臉的太太總是得到晚餐後，才得以洗去一天一整身的塵土。

看太太勞動量那麼大，我問她會不會覺得累，她總是回答我：「怎麼會？」

想起以前我在新竹科學園區工作，太太不用分攤經濟重擔，只要專心持家。現在她除了持家外，卻還要一起做農事，而且做也做不完，我心裡有點心疼，但看她怡然自得的模樣，或許做自己喜歡的事，就算忙也不覺得累。

專職務農前幾個月，太太偶然間學會做手工皂，剛開始，我猜想她是不是三分鐘熱度。想不到即使到八月，我們開始專職務農後，她依然興致勃勃的在晚上休息時做手工皂。

那一段時間，除了農作物，太太每天講的，就是還要做出什麼樣自然的手工皂。等到終於完成皂化過程，試洗後發現觸感與品質不錯，她才對做手工皂這件事有信心。現在，做手工香皂已變成她的興趣，也有朋友捧場訂購。

自從為教養小孩，太太辭掉外商銀行的穩定工作後，過去近八年，始終在家等老公薪酬養家，竟然現在也作了農夫，而且還一起賺錢持家。

我們雖是夫妻，但個性卻完全不一樣。

我看到剛種下的地瓜苗奄奄一息的樣子很擔心，但太太卻總是樂觀的說：「一定會活的。」

果然，大部分的地瓜苗，感受到太太支持、鼓勵的意念後都順利長大，而太太樂天知足的態度，也慢慢感染向來嚴謹、保守的我。

對於我們所遵循的「秀明自然農法」而言，農夫好的意念就是農作物成長的動力，而太太就是扮演這樣的角色。

租屋所在的村莊下大雨，我心想終於可以偷懶休息一下，但心中常繫農田裡作物的太太總是說：「還是去看看，鄰村說不定沒下雨喔！」我們只好打起精神去農地上看看狀況。

兩年多來，我們家的女主人早已變成真正的女農了。是全家真正的精神支柱，也是家中務農的原動力。

我們現在的生活雖然忙碌，體力勞動也大，但看著神采奕奕的太太，深深覺得農業與興趣兩者合一的生活，的確最符合人性，也是對地球永續最好的生活方式。

兒子的小小越野馬拉松

在越野馬拉松比賽的前兩天傍晚，兒子告訴我，他一個人要去家裡後方空曠無人的農地馬路上跑步，一直跑到遠處的飛行傘降落場，再繞一大圈回來。

我樂見他為目標自行努力，但其實我心裡仍會擔心，我坐在天色深沈的院子裡，等他回來。

自從兒子就讀的國小宣布在四月初的村校聯合運動會，會前將舉行中高年級的越野馬拉松後，就在校園裡引起一波波漣漪。

雖然只是短短三公里的小小馬拉松，中年級甚至只有2.4公里，但是現在學生的體能普遍比以前還差，即使鄉下學校也有如此現象，所以小朋友都有點擔心不知道是不是能跑得完。

八歲的兒子身高只有一百二十公分，是二年級全班二十多個小朋友裡身材最瘦小的。低年級是志願報名，雖然一樣列入比賽成績，若跑入前幾名仍可以拿到學校點數換獎品，一向自認跑很快且好動的兒子就報名了。

兒子很認真地備戰練習，常在家的院子裡拉單槓，鍛鍊肌力，更在下課後獨自去練習跑操場。我也會教他長跑應該如何呼吸、如何抬腿等等。

比賽的前兩天傍晚，兒子告訴我，一個人要去家裡後方空曠無人的農地馬路上跑步，一直跑到遠處的飛行傘降落場，再繞一大圈回來。

身為父親的我樂見他為目標自行努力，高興地讓他去嘗試，但其實心裡仍會擔心。我坐在院子裡，一直等到天色深沈中，遠遠看到一個小人兒跑回來，我的心才放下。

比賽當天，兒子準備短褲到校以便下午換裝，熱切期盼下午的馬拉松能大展身手。至於喜歡靜態活動的六年級姊姊，則是好整以暇，只是期待當天下雨而能取消馬拉松。

那一天下午，我停下農事去學校，剛好趕上馬拉松的比賽槍響，全校六十多個小朋友先繞操場一圈，然後跑出校園，在風光明媚的村莊農地道路上，眾多小朋友邁開小步伐跑步，師長則騎自行車或機車跟在旁，幾個家長在路邊加油，一向寂靜的村莊突然變得熱鬧非凡！

矮個子的兒子腿短，出發後就比別人慢，等他跑到中途折返點，因為始終沒停下來走路，所以陸續超前慢下來的學長與學姊，在終點前回到學校操場，再跑最後一圈時，兒子的體力明顯遊刃有餘，開始快跑衝刺到終點線。與班上另兩位男生，都跑進中低年級組的前六名，三人很興奮的看著後面晚到的中高年級學長們！

至於姊姊，因為與幾個同學沿路跑跑停停、談天說笑，所以是最後一群進入操場的小朋友，雖然得到最後幾名，仍舊很快樂！

在馬拉松比賽結束後，我建議學校老師應該不只每年，而是每學期都舉辦一次越野馬拉松，讓越野馬拉松變成國小的傳統。

村裡有寬敞筆直的鄉間道路，四周有美麗農地與蔭涼大樹，如果能讓學生在這樣自然的環境裡養成跑步的終身運動習慣，將來即使多數人長大後離鄉進城，他們仍會記得那流汗喘氣、夾雜野草與作物的田野香味，也仍會記得跑步時看到遠方的靜穆都蘭山，而這些點點滴滴的回憶將是促成孩子長大後，仍關懷故鄉的原動力。

兒子為自己的成績很興奮，這是他自發努力後得來的成果，這種成就感應該比師長硬逼去學習或運動好多了。兒子還想著將來要跑更遠、更快，看來身為父親的我，就要更辛苦卻又幸福的陪伴了。

再見，木瓜樹

大型耕耘機的柴油引擎聲在我背後隆隆地響著，等我一會兒回神，轉身一看，咦？怎麼緊貼農地邊界的一排木瓜樹都不見了？

剛買下楊桃園農地時，楊桃園旁還有一片三分空地，於是想要種出自家稻米自給自足的想法又浮現。

想請怪手將這塊空地做整理，以恢復十多年前曾經存在的水田，於是向鄉公所申請「整地」。等了一個月，縣政府的官員終於姍姍來我家農地勘察，告知我們鄉公所人員弄錯程序，這不是申請「整地」，而是要申請「農地改良」。

必須重新申請才能再整理水田，而旁邊的土地也要等到那時候才能開始

整地前的高高野草

種植蔬菜，如此一來，今年的冬季蔬菜就錯過適種期了，蔬果自給自足的夢想也要等更久。於是我們放棄在這塊農地上種水稻，決定先請大型耕耘機來犁鬆農地，也順便將比人高的野草耕犁入土裡。

大型耕耘機到了，第一次近身感受，竟然如同大型挖土機般巨大。

我仍忙著拔出將要被犁掉的地瓜葉，預備整地之後重新定植，於是匆促告訴開耕耘機的司機，注意不要犁到種秋葵的田畦。他點頭答應後就發動耕耘機開始犁地，我則回頭忙地瓜。

大型耕耘機的柴油引擎聲在我背後隆隆地響著，等我一會兒回神，轉身一看，咦？怎麼緊貼農地邊界的一排木瓜樹都不見了？

哎呀！原來我忘了告知，要留下邊界的三公尺緩衝帶讓木瓜留著，結果木瓜樹已全部被犁到土裡了！

種了九個月的整排木瓜樹一眨眼就不見了，我看到這景象，大吃一驚，馬上電話通知太太，這木瓜樹可是她一手栽種的！

這十多株木瓜樹是市售的小苗，定植種下時只有幾公分高，入春後很快長到腰部；接著在烈日照射下，幾株較瘦弱的開始染病，一片片葉子漸變枯黃而死。我們沒去管它，幾週後竟然死而復生，又從主幹上長出新葉。

太太看了很雀躍，因為市售品種本來就習慣高肥力的農法種植，用了無肥料無農藥栽培的「秀明自然農法」，有部分會死亡是正常的。現在又再長出新葉，代表木瓜樹也在努力求生，或許將來就會習慣我們的種植方法。

種植後九個月的等待，讓這些木瓜樹逐漸適應調整，也終於長到如我的身高了，本來想，明年應該就有木瓜可以享用了，沒想到現在……

是我自己的疏忽導致木瓜樹的災難，也怪不得司機。

犁完農地後，司機很熱心帶我去他家後院，他要我看幾棵矮矮的木瓜樹結了十多顆大號的木瓜，很得意的說：「要種木瓜，就要種這品種，不要種你們那種小小枯枯的木瓜樹，又長不出木瓜！」還說本來犁地時看到我家的木瓜樹，心裡有想著是不是要留下。但後來看它們一副嚴重營養不良的樣子，想我們家留著它也沒用，所以就一路前進，把木瓜樹全犁倒了。

沒想到九個月的生命就這樣冤枉終結。我深深覺得對不起用心種植的太太，但她反而安慰我說：「天意如此，就只好接受了！」

至於已新犁好的農地，就重新再種木瓜樹吧！

犁地犁掉一整排的木瓜樹

令人驚豔的女兒

國小九月開學時，我帶著女兒從踏進新學校校門那一刻起，她就一路低著頭，不敢抬頭看任何同學。

每天放學回來，女兒常鬧脾氣，哭說同學排擠她，多次吵著要回新竹，甚至打電話給以前國小同學的媽媽，拜託讓她可以住回新竹，轉學回去。

二〇〇七年五月，女兒在台東讀國小六年級，放學後，自己從學校走路回來，一回到家裡，會先寫好作業，再幫忙把白米洗好，放入電鍋裡煮。

等到太太從田裡回家準備煮晚餐時，女兒總是很快黏住媽媽，把媽媽當成聽她說話的好朋友，連珠炮般的分享學校的各種大小事。

女兒國小畢業前，和同學之間離情依依。有一天放學後，她很興奮的談著計畫要和幾個同學，第一次坐公車到台東市逛街一整天，女兒盤算著要如何搭公車、到哪家小火鍋餐廳吃飯、到哪家店逛、要帶多少零用錢，還和同學們約好，從現在起到高中畢業，以後每年要辦兩次類似的同學聚會。我看著急切說出計畫的女兒，一臉稚嫩又青春的臉龐，才驚覺女兒的轉變好多啊！

把時間拉回到二〇〇六年八月下旬，那時移民台東已兩年了。不知道是因為五年級的女兒年紀大了兩歲，還是鄉下與農家的純樸生活給她的體會，女兒變得成熟許多。

不再像以前一定要買什麼東西，用錢比以前節省；長褲膝蓋部位破了洞，想幫她買褲子，會說還可以穿；書包壞掉了，去店家會挑最簡單且便宜的帆布包；蹲在田裡鋤草也認真許多；每天負責拖餐廳與廚房地板的家事也不再需要叮嚀；與師長相處不再害羞不語；要她讀英文，也會自己安排進度、做生字筆記；最近迷上籃球，很認真的練習我所教的帶球跨步切入上籃的動作；規定每天只能玩半小時的電腦，也會自動遵守，不需要父母緊盯；雖然有一點點不樂意，但整個寒假，女兒還是幫忙包裝楊桃……

二〇〇五年暑假末，在搬來台東的前一刻，夫妻倆仍不擔心搬到鄉下後，小孩的教育會如何。我想起自己的童年大都在鄉下或山區度過，有個玩瘋的鄉下童年，儘管我就讀的國中升學率極低，依然順利求學，長大有個不錯的工作。因此，我想孩子們在鄉下，或許也能像我當年一樣正常長大，所以讓女兒在升上四年級的暑假，離開了她很喜歡的新竹小學校。

回想這個決定，對個性靦腆害羞又自尊心強的女兒，真是一項嚴格的考驗！

國小九月開學時，我帶著女兒去，從踏進新學校校門那一刻起，她就一路低著頭，不敢抬頭看任何同學。

每天放學回來，女兒常鬧脾氣，哭說同學排擠她，多次吵著要回新竹，甚至打電話給以前國小同學的媽媽，拜託讓她可以住回新竹，轉學回去。

那一段時間，我們什麼事也無法做，只能耐心陪著女兒，讓她清楚的知道：我們留在台東生活的意志很堅定，她必須要去適應新環境。就這樣，女兒在跌跌撞撞、哭哭鬧鬧半年後，學校的事開始在她的口中出現，漸漸熟悉學校的同學。

過了一學年，漫長的暑假終於要結束時，女兒竟迫不及待急著要開學，看來，女兒已喜歡上這裡。現在，偶爾回台北，女兒總是說還是台東好，甚至誇口長大後不想去台北工作。

再過六年，女兒就高中畢業了，她也極可能如大多數的台東子弟，到外地去讀大專院校，就像風箏，將悠遊於另一片天空了，但我們所給的農家生活與鄉下的教育，就是那條牽著風箏的線，讓她在翱翔時不會忘記：人，必須以家為根本、以土地為依歸、以鄉村生活的純樸，才能自處於現代繁亂的世界。

三年多的農家生活，女兒真的改變很多！

你終於和我同一國了！

看到丈母娘趕盡殺絕般的除草，雖然很乾淨，卻與我的想法不合。

丈母娘來家裡住一段時間。從台北到台東，人生地不熟，在這裡像個異鄉人，沒鄰居或親戚可串門子；不會騎車，在公共交通不便的鄉下不易行動，只好每天隨夫妻倆到農地裡。

丈母娘是雲林人，農家長大，童年歲月就像我們過往認識的多數農家子弟，做農做到怕、除草除到驚。後來結婚嫁到台北，將近五十年都在台北生活，沒再碰過鋤頭與泥土，沒想到年紀大了竟又隨女兒來到鄉下做農事。

命運轉個彎又繞回來，想不透怎麼女兒、女婿頭殼壞去，好好頭路不做，要做農夫每天玩泥土。

丈母娘年紀大了，在農地裡都跟著太太，做些體力輕鬆的工作——拿小鐮刀除草、剪碎乾草、過篩細土、剝黃豆、採辣椒、扦插地瓜葉、撿落地的楊桃套袋、幫忙包裝楊桃或鳳梨等，說輕鬆也不輕鬆，有許多零碎事，中午還幫忙煮飯。

我們帶著丈母娘參與移民台東後的新生活，每個月陪我們去自然農法的農友家庭聚會、去原住民部落的原始林爬山攀石、拜訪其他農友、參與蝴蝶保育協會旅遊、博物館等等。在青山綠水的台東生活，是一個與台北都會截然不同的體驗。

也許是小時候的田間印象吧！丈母娘眼裡容不得野草存在，在菜園裡除草，不管高矮大小、不管草種，一定要連根挖起才安心。

我在菜園除草是有所思考，只要除長的野草，短的野草就算了，離植株較遠，不影響光合作用就放過，也不連根拔起，只貼地切除，讓根系留在土裡護土。看到丈母娘趕盡殺絕般的除草，雖然很乾淨，卻與我的想法不合。我們只好提醒她一些除草原則，但是每次講完都一樣，改不了就是改不了，後來就忍住不講了，隨她去做吧！

在農事上，丈母娘有些過去根深蒂固的農事觀念與我們不合，尤其種植作物不施肥，總是讓她又擔心又有點生氣的說：「沒放肥哪會大！你嘛卡好心哩，放一點啊肥！」

但是丈母娘也漸漸變了，從很多地方都看得出來。

剛來時沒注意到工寮旁的香蕉，有一天，發現香蕉已有果串慢慢長大，從細瘦到粗壯，丈母娘愈來愈關心它，經常會去看看它長得如何，還會稱讚這株香蕉長得好。

一剛開始知道我們自製楊桃果醬一百西西賣一百元，她直嚷未免太貴了吧。但最近我們夫妻倆白天忙著採收楊桃，晚上太太還要將當天的次級楊桃切片熬煮成楊桃果醬，心疼女兒辛苦的丈母娘也來幫忙。太太每次都是晚餐後就坐上小板凳，忙到近九點多才能梳洗睡覺，隔天清早又忙東忙西開始採楊桃。有一天，丈母娘終於說：「這楊桃果醬一百元實在太便宜了，這泥厚工！」

丈母娘剛來台東時，是蔬菜剛種下的九月，到了年底，結球白菜、紅蘿蔔、白蘿蔔、紫玉米都長大了，病蟲害也不甚多，她才稍微覺得好像不放肥也許也可以。

吃自家種的蔬菜，我們問她感覺與外面買的蔬菜有什麼不同，丈母娘剛開始總是說：「還不是一樣！」

幾個月後，終於聽到她邊吃邊說：「厝裡這款菜卡好吃！」

太太很高興的對她說：「你終於和我同一國了！」

丈母娘已六十多歲了，沒想到才幾個月的田園生活，就漸漸被影響了，原來喜愛自然的天性存在每個人的內心深處，只要經常接觸，就會慢慢找回來被物質或都會的水泥叢林埋沒的天性。

只有接觸自然才能了解，對於下一代甚至自己，如果要愛上自然、關心環境、從自然體會人生的道理，只有從踏出第一步開始。勇敢去做吧！

菜鳥農夫的一天

我人胖，不喜歡蹲著，大都是半蹲半跪，蹲低後會貼近蔬菜，可以看到葉片的小蟲洞，看到小瓢蟲交配（太太笑說我應該迴避）。

身為農夫，每天都要寫農事日誌，記錄一天的重要事情與心得。但是實行無農藥無肥料的「秀明自然農法」農夫，沒有施肥與灑農藥等相關農事好寫，日誌裡主要是天氣、溫度、種什麼、澆水、除草、疏苗、採收等瑣事，或者對作物觀察的心得，還有工時的紀錄。

以下是我的一些紀錄。

早上陰，20.8度C-23.4度C

08:00-09:00蔬菜區一行蘿蔔畦除野草。

蔬菜的花苞

09:00-11:00 A區果園行間三行玉米除野草，疏苗

11:00-12:20 A區果園種今天送達的果樹苗

（挖洞直徑，5尺，2尺深）

芭樂×4，蜜棗×4，蜜棗×1（授粉用）

午後陰。23.4度C~20.8度C

13:10-13:30搬小紙箱八百個到貨車上。

14:05-15:00搬貨車上紙箱八百個至小工寮。

15:00-16:00蔬菜區一行半結球的白菜畦除野草。

16:00-17:10陪三個家庭親子採楊桃與解釋說明。

17:15-17:30天黑前，檢查大工寮的施工進度與品質。

農夫生活很簡單，但簡單就是美，就像一杯無色無味的白開水，卻是最甜美的。儘管簡單，卻每天都忙碌，這邊做，那邊做，農事永遠做不完，自然得學會順其自然的生活哲學，做不來就先擱著吧！

通常每天記錄最多的農事就是除草，偶爾一天要除草好幾小時。

太太最愛蹲著靜靜除草，因為貼近草，也靠近農作物，可以感受到農作物的生命，感覺就像是做心靈SPA。

剛種下的金針

我人胖，不喜歡蹲著，大都是半蹲半跪，蹲低後會貼近蔬菜，可以看到葉片的小蟲洞，看到小瓢蟲交配（太太笑說應該迴避）。看到不知名的黑色小瓢蟲，也看到葉片上的細脈與絨毛，看到每一種知名與不知名的野草。

人放低姿態會更實在，放慢動作會更細膩，每天的農事日誌記錄的是農夫一天的真實。

親子午後的共同工作

一開始，我仍會擔心兒子技巧不足，如果楊桃樹的枝幹鋸得不平整，楊桃樹會受傷，但後來轉念一想：沒讓兒子試試看，怎麼會知道他做不好？嘗試不也是一種學習？

兒子不愛做單調重複的農事，例如蹲在菜畦邊除草，喜歡比較有變化的農事。他生性愛自己動手做，更愛大肌肉運動，所以四月的某個下午，剛好我正在幫茂密的楊桃樹疏枝，需要用到鋸子去除枝條，我想應該投合兒子的喜好，就邀請他來幫忙，想誘導他做這件事。

用鋸子開始工作前，先教兒子如何利用鋸下的樹枝做生活物品。我先給一個方向——找粗樹枝修剪成Y字形插在地上，在兩枝Y字形架的兩側，加

兒子在地上找彈弓骨架

上一根枝條橫著放，就可以吊東西、風乾種子或是當自然裝飾。

兒子一點就通，馬上就動手做了起來，過了一會兒，他跑來說：「我想做彈弓耶！」我點頭答應，於是他想好製作方向，又去樹下找較細的Y字形枝條，做了彈弓骨架。

不過當兒子邊做彈弓邊看我鋸楊桃樹的大枝幹時，似乎覺得鋸樹幹更有趣，最後忍不住央求我，也讓他做做看。我心裡想，果然被我釣上鉤了。

一開始，我仍會擔心他技巧不足，如果楊桃樹的枝幹鋸得不平整，楊桃樹會受傷，但後來轉念一想：沒讓兒子試試看，怎麼會知道他做不好？嘗試不也是一種學習？於是就讓他動手鋸楊桃樹幹。

兒子很認真地聽我解釋修剪楊桃樹枝的重點，例如如何判斷鋸切口該放在分枝的哪個位置，如何保持傷口平整，如何推拉鋸子等。在兒子大致掌握重點後，我挑出高度適合矮個子的枝幹，然後就讓他開始鋸了。

第一次鋸碗口粗的枝幹，瘦小的兒子手臂不見肌肉，只摸得到骨，讓人感覺沒什麼力氣！想不到他鋸起樹枝卻很有力道，鋸子前後推幾十下，枝幹切口逐漸加深，一手扶住枝幹，另一手將鋸子往回拉幾下，漂亮的完成最後鋸斷的動作，重重的枝幹應聲落地，沒打到腳。我檢查樹幹新鮮的鋸切斷面，表面平整，位置正確，實在是超齡的演出，我心裡放心了，不再盯著看，讓他繼續鋸了許多枝幹。

兒子很有精神，體力也驚人，足足鋸了一個多鐘頭才終於休息，去工寮玩鞦韆。才一年級就能有這樣的持續力，身為父親的我感到很高興。

沒想到兒子喜歡鋸樹幹的工作。從小讓他參與農務，對兒子而言是玩樂外，也是體能的鍛鍊，正確做好一件農事，也會讓他有自信與成就感，更藉著協助農事而了解工作與生命的意義、感受果樹生命的成長。

童年只有一次，兒子讀半天課的低年級很快就會過去，以後這樣的機會也將會變少，也許幾年後，很多事已經忘記，但可能仍會依稀記得，那一個陰涼的下午，父子倆在楊桃樹下，一起拿鋸子並肩工作的流汗味道，而那樣的味道、那樣的感受將一路伴隨著兒子成長，也陪伴我的老去！

兩天午後，女兒的籃球賽

為了今年的籃球賽，靦腆的女兒竟然主動約我，希望用一天的假日早上指導女籃球隊，看來女兒很想在今年的籃球賽討回點面子，以至於連爸爸的校隊身分曝光都不顧了。

連續下了兩天小雨後又是多日炎熱，苦旱不雨，才六月就酷熱難當，新聞報導四個嘉義農夫在田裡中暑往生，我也調整作息，早起趕六點前到農地工作，趁和煦的陽光在空曠處除草，九點後避開炙熱陽光，轉往楊桃樹蔭下工作，一直到吃午飯時，已連續工作六個多小時，完成一天大半的工作，想起下午該繼續做農事，還是去看女兒的籃球賽？

去年女兒才四年級，幾乎不太會打籃球，而全校四五六年級女生加起來不到二十五人，女兒因為個頭高，所以仍被選上學校女籃隊，當然初接觸籃球仍然球技生疏。

一次比賽，女籃隊還被鄰近國小痛宰，抱了個鴨蛋，她們在三個隊伍裡拿了最後一名。

升上五年級後，女兒和全班同學都迷上籃球，一下課，全班就衝到籃球場打球，熱潮延續近一年都不退，我因此在院子裝了籃框，讓女兒多點機會練習。

我曾經是女兒班上每週二說故事的義工，所以認識全班十多個同學，但女兒一向害羞，很怕同學因與我熟稔，而知道我曾是大專籃球校隊，大概是怕有心理壓力吧？但為了今年的籃球賽，靦腆的女兒竟然主動約我，希望用一天的假日早上指導她們的女籃球隊，看來女兒很想在今年的籃球賽討回點面子，以至於連爸爸的校隊身分曝光都不顧了。

不過即使我指導過短短半天，比賽的前一天，女兒仍然一再叮嚀不要去看球賽。但因為很想參與小孩的成長，所以還是忍不住停下農事，去觀看女兒經過一年練習，想一心雪恥的籃球比賽！很幸運的，下午比賽開始前，下起期待數個月的滂沱大雨，老天爺賜給大地雨水，也賜給我們安心的理由——不去農地工作，專心看球賽。

曾經抱鴨蛋的球隊

除了球員與一些加油的同學，學校只有負責體育的老師到場，家長則只有我們夫妻倆參加。這是一個小村小校，我們常聽女兒分享學校的事情，所以叫得出大部分同學的名字，籃球賽沒有緊張與嚴肅，反倒像熟稔朋友間的嘉年華盛事。我們夫妻倆充當起啦啦隊，陪著其他未上場的同學，嘶喊加油、又叫又笑的看了兩場比賽。

女兒的籃球隊沒有教練，而且整年不曾集訓過，面對去年痛宰她們，讓她們拿零分的對手，剛開始毫無鬥志，一副準備棄械投降的模樣，但隨著時間過去，慢火慢燉，身手逐漸打開，竟然從對手身上要到了七分，雖然比賽結束時，仍輸了近二十分，但相較於去年拿零分的窘態，幾個小女生又跳又叫，高興得好像她們勝利了！

第一場籃球比賽建立了信心，第二場士氣更高昂，全場防守認真，進攻積極，啦啦隊也喊得更大聲，最後十二比八，她們竟然贏球了，這是她們第一次贏球，而且還創下有史以來最高得分紀錄！

比賽後，小女生們紅著小臉、滿身溼、滿頭汗，興奮不已。一直談著明天要更認真，只要再贏另外一隊，就可以在參賽四隊裡拿第二名！

回家後，女兒仍沈浸在今天贏球勝利的喜悅裡，聒噪熱切的訴說她明天要如何如何，球隊又該怎麼怎麼打，我快變成她個人籃球的臨場惡補教練了。

兒子看了一下午刺激的球賽，也感受到籃球的魅力，開始認真的在院子投籃，他說雖然他才一年級，但希望升上高年級時，也能參加籃球隊上場比賽。

看著兩個小孩認真的樣子，讓我不禁想起自己二十五歲前經常抱著籃球的歲月，原來夢想、榮耀與挫折，會一代一代的上演！

一場女兒的籃球賽、一個農夫的雨天下午、一個小小村莊、一所小小學校；瞧著孩子們的興奮臉龐，聽著孩子們的快樂歡笑，誰說快樂要多麼奢侈浪費才買得到，誰說幸福要多少金錢才換得來？如果我不是作了農夫，大概不會有這種自由，陪著孩子過這樣的一個下午吧？小孩很快就長大了，但這樣珍貴歡樂的下午，將是親子共同難忘的回憶。

後記：雖然隔天以兩分之差輸了比賽，但冠軍以外的三隊都只有一勝，經過勝負分比較，竟然拿了第二名，達成這些小女生們的心願！

在這場比賽之後，小女生們為了六年級時能打得更好，所以央求我擔任籃球教練，給她們長期正式的訓練，我當然答應，從此多了一項義務工作，也更貼近女兒的成長。

兒子的盲目單車實驗

某天全家臨出門，大家都上車了，我在院子門口四處張望，仍不見兒子蹤影，正有點火氣時，兒子滿臉是血、嚎啕大哭的騎著腳踏車進來……

在我們租屋前面有一條寬敞大路，車輛常飛馳而過，房子旁邊也有一條路，直線通往屋後一百多公尺外的大草地，這條路少有車輛，行車速度也因為路寬只有大馬路的一半而慢了許多。

兒子長大了，身體變長，以致原先的幼兒單車很不好騎，鄰居送給我們一輛大一號的舊腳踏車，讓他很高興。但是鄉裡找不到腳踏車店修理，而且低年級學生也不能騎腳踏車上學，所以這輛舊腳踏車就一直擱著。

兒子三番兩次催促快將舊腳踏車修好，但我疏忽，拖了一年沒修，終於，上星期把舊腳踏車載去台東市修好了。

有了大一號腳踏車的兒子，從此像是脫韁千里馬，無論下課或放假，整天騎車遊樂。村裡有五百公頃大的土地，道路像棋盤縱橫交錯，我們擔心在廣闊的鄉間亂騎出意外而不知，於是規定他要先告知去哪個方向或哪個地方，且確認回家的時間，才能自由騎車行動，兒子點頭答應做到，之後也都能遵守約定。

某天全家臨出門上車前，兒子趁等待空檔，一溜煙騎車不見了。大家都上車了，我在院子門口四處張望，仍不見兒子蹤影，正有點火氣時，兒子滿臉是血、嚎啕大哭的騎著腳踏車回來，我驚訝心疼地迎上前去，他哭著說：「跌到路邊水溝受傷！」我又生氣又心疼，邊責備不小心邊擦血，太太則是不斷安慰兒子。還好只是雙手、雙腳與臉部的擦傷，還有因鼻頭撞到才血流滿面，看來沒有大礙。

兒子抽噎一陣子終於不哭了，問他意外怎麼發生的。原來兒子騎到房子旁邊那條車子很少的道路，腳踏車不小心偏到路邊，跌到香蕉園邊的水溝，驚嚇、疼痛之餘，自己狼狽爬出水溝，把車騎回來。

我納悶這條路雖然不寬，卻也不窄，晚上全家散步時，兒子也會騎車跟著，晚上都沒出事，怎麼大白天會有事？

海邊玩的兒子

過了一陣子，兒子才心虛的主動告知：「我把眼睛閉上，想看看自己閉眼後，還可不可以騎得直直的，沒想到就……」

還理直氣壯地說：「我一定可以騎得很直的，怎麼可能會掉入水溝？」我聽了這番辯解，又好氣又好笑。

請兒子閉起眼睛，然後在屋內筆直走向定點，少了視覺的平衡，他果然每次都走歪，他才理解眼睛對平衡的重要，沒有用眼睛，當然會騎歪了！

過了幾天，兒子的傷口結疤，不再痛了，盲目騎車試驗的代價已付出。我也反省：**為何當下我生氣又擔心？我該如何看待他以後會愈來愈多的探索與冒險？**好動又好奇的兒子，簡直就是我童年的翻版。

我的童年多半在山區或市郊度過，當時我和同伴做過許多會讓現代父母擔心不已的活動。

讀幼稚園時，我們在中橫大甲溪的枯水河床上堆石頭窩穴；三四年級時住在台北市郊，我們鑽入正在施工的超大下水道內，用手電筒微光一路找出口；五年級搬到台電水力電廠的宿舍，整個夏天都在水庫邊的沙灘戲水；六年級時不用游泳圈，橫越數十公尺寬且深度達數層樓的冰涼水庫；從高達五公尺的大水管跳入發電廠的洩水洪流；沿著山間蜿蜒小溪，溯溪十幾公尺沿路抓魚蝦；攀爬近十層樓高的陡峭山壁；鑽探宿舍區附近每個廢棄的山洞；

溯溪的兒子

十多個小孩騎腳踏車到十多公里外的遠處郊遊，在加速的陡下坡段，撞翻路上挑糞的農夫，我彈飛數公尺高，摔到路邊水池草地上。

母親早逝，管教一向自由放任的父親對這些瘋狂的事毫無所悉，因為當時只要我們遵守家裡的基本要求就好了。現在回想，也許當年一個不小心就離開人世，但還是走過來了，也許這造成長大後，骨子裡總想要自由、帶著一點反叛態度，以及願意嘗試與冒險的特質。

回顧自己的童年，我相信自由成長的童年本該就是兒童的權利，父母只能引導，而不是全盤接手安排。

兒童自由探索世界與發揮自己的潛力，就是他的自我學習，也是建立人格、自信與自尊自重的過程。如果在父母預設的軌道上前進，長大後，也只是另一個循規蹈矩的成年人，失去開創性，喪失探索的動力。

搬到鄉下，給小孩更多陪伴、更多空間、更多自然本來就是初衷，既然如此，隨著孩子長大，活動範圍愈大，就得忍受更多擔憂，不過這些擔憂都是來自父母嘗試控制的想法，只要換個角度想，就會發現那是不必要的。

只要讓孩子充分感受到父母的愛與支持，就算犯錯也是一種學習；就算受了小傷也總會康復。人生如果沒有擦撞的嘗試就沒有火花，沒有冒險就不可能有創造力。

拿鋤頭的兒子

如果沒有富蘭克林敢在雷電風雨時放風箏，就不會發現電力；如果不是孫中山先生不當眾人稱羨的醫生，反而去對抗龐然巨物般的滿清政府，就不會結束數千年的封建政治；如果不是林義傑冒生命危險去沙漠長跑，我們不會有勇氣與毅力的現代效法對象。太多真人事蹟告訴我們冒險才有進步，我們不期望小孩將來有多偉大的功績，但希望在平凡又漫長的人生道路上，能勇敢地突破，追求自己真正的理想，找到真正的自我。

兒子的盲目騎車實驗，教了他自己也教了我。自己不也是到了四十歲，才突然作起許多人認定前途無光的農夫生涯嗎？或許看在兒子眼裡，他只是有樣學樣，試著做他想做的事吧！

教養孩子與照顧農作物

女兒進了四年級教室，與十五位同學排排坐，完全不敢抬頭。身為父親，心裡有點生氣：「怎麼會這麼害羞啊？」

二〇〇七年強烈颱風聖帕侵襲前，原本想讓已有膝蓋高度的玉米試看看不培土而成長，但颱風的強風與雨水將吹襲，如果不幫淺根的玉米培土，這些玉米想必撐不下去，一定會倒伏，只好打消原意，還是幫玉米培土。

我邊揮鋤頭培土，邊想女兒的成長也很像玉米，平時不需要太多照顧與限制，只需要在重要的時刻幫忙。

記得剛從新竹搬來台東時，四年級的女兒轉學到台東的國小，第一天上學，我陪她去。一進校門，女兒的頭就壓低到不能再低，及肩的頭髮還刻意撥到小臉兩側，深怕被人看見害羞的臉。

等進了四年級教室，與十五位同學排排坐，依然不敢抬頭。身為父親的我，心裡有點生氣：「怎麼會這麼害羞啊？」不過我才體認到，原來靦腆的女兒在陌生環境中就是不自在。

那時，女兒常鬧著要回新竹，或借住以前同學的家，因為她想轉回原來就讀的新竹縣迷你小學。

我們很堅定告訴她：「我們搬來台東就不會再搬回去，你可以自己打電話給同學媽媽，商量借住到她家的事，但是同學媽媽問起，我們一定會說反對此事，如果她還是願意讓你搬過去才可以。」我們這樣說，女兒只好放棄這個念頭。

女兒轉學兩週後，只敢與班上的一兩位同學說話，常常一放學回家就抱怨：「新同學都排斥我！」那時，她的情緒就像刺蝟，動不動就生氣。

太太一邊種菜，一邊耐心的陪著她度過那段日子。幸運的，等進入第二學期，女兒的情況似乎好多了，偶爾會聊到同學的事，再經過一個暑假，因為學校的夏令營，讓她與同學有更多的相處及互動，她的臉上也多了許多笑容。

後來升上五年級，女兒不但已完全融入班級中，在班上還有許多好朋友，每天剛回到家，第一件事就是纏著媽媽聊上學的趣事，甚至和同學們計畫著未來要一起讀哪所國中、哪所高中。

在女兒熬過移民、轉學的陣痛期間，我們所做的事，除了多陪她之外，不過就是給她一個充滿愛與穩定的環境，除此之外，夫妻倆並沒特別的作為，日子就在尋常生活之間度過。

女兒每週和我們一起去田裡工作兩三小時；一起做早晚拜；早上一起在家吃早餐；傍晚一起吃晚餐時，他們就聊學校的事；孩子們每天分配家事；我每週挑一個晚上講英文故事給兩個孩子聽；每當週末時，我會陪兩姊弟在家看電影；也會定期送女兒一些書籍或帶她去圖書館借書。

我們帶孩子認識很多在台東簡單生活的「怪人」；去拜訪很多特別的「農夫」；每週一次送女兒去學鋼琴時，父女倆總在車上分享許多對事情的看法，例如一起幫忙包楊桃、手工皂、飯前備餐洗菜，以及女籃隊的教練等等……生活就在平淡與規律之間，不知不覺過了兩年。

回顧這兩年，女兒有不少明顯的轉變。放學回家後會自動自發寫完功課，也很少有不懂的課業問題需要我們指導；她經常快樂的練彈鋼琴，鋼琴老師說：「每首曲子，不管是快樂的或悲傷的，你彈起來都有快樂的感覺！」

四年級上學期在楊桃園裡幫忙

女兒從日本教會總部露營回來後，主動提到在高中畢業後，想去總部奉仕一年（當義工），然後才去讀大學；幫她買衣鞋，她會挑選便宜又耐用的；偶爾有機會外食，女兒總是節儉地點便宜的陽春麵。

女兒年紀愈大愈獨立，只要尊重她的決定與自由，通常她就會很快樂。教養這樣獨特的女兒，只需要愛心與耐心，她就會自己做好。雖然她的情緒偶爾還是會很激烈，但大部分都穩定，也不再那麼害羞，對未來開始有自己的想法。

「秀明自然農法」在照顧作物上與教養小孩非常類似。不施肥，不用藥，對一般農夫來說，等於是要放棄所有的工具，那麼要怎麼照顧作物？其實，**充分的愛與觀察它需要什麼，就是農夫最重要的作為，至於如何生長，就交給作物自己決定吧！**土壤只要有生命力，作物就一定長得好！

當然，作物在生長過程中，難免會遇見阻礙，生長遲緩，這時運用「秀明自然農法」的農夫就會面對心性的考驗，自己到底該怎麼做呢？就如同小孩行為有偏差時，父母該如何導正？

大多數人都知道打罵孩子，但長期來看是沒有用的，打罵孩子只會將他的心推得更遠，但是許多父母還是忍不住，因為打罵或高壓確實有短期的矯正作用。

四年級下學期的運動會舞蹈

學校老師也一樣，習慣體罰學生的老師，如果不讓他打罵學生，面對學生可能就會無計可施。只想要有效率的矯正孩子的偏差行為，而使用打罵等體罰，這樣的父母或老師其實是沒有耐心，也不夠用心。這與農夫使用農藥與殺草劑來管理作物的心態不是一樣嗎？只是為了方便、快速、有效果。

在孩子行為偏差的背後，也許有更深的學習與生活環境，甚至家庭互動上的問題，值得大人們去瞭解與解決，但在追求速效的手段下，孩子真正的問題往往被忽略了。

從教育小孩與照顧作物的對應上，我們深深的體會：人與植物都是生命，生命自己會追求美好，除非心已死。為人父母或農夫要竭力避免不當的干涉，就讓小孩或作物去綻放該有的生命之美吧！

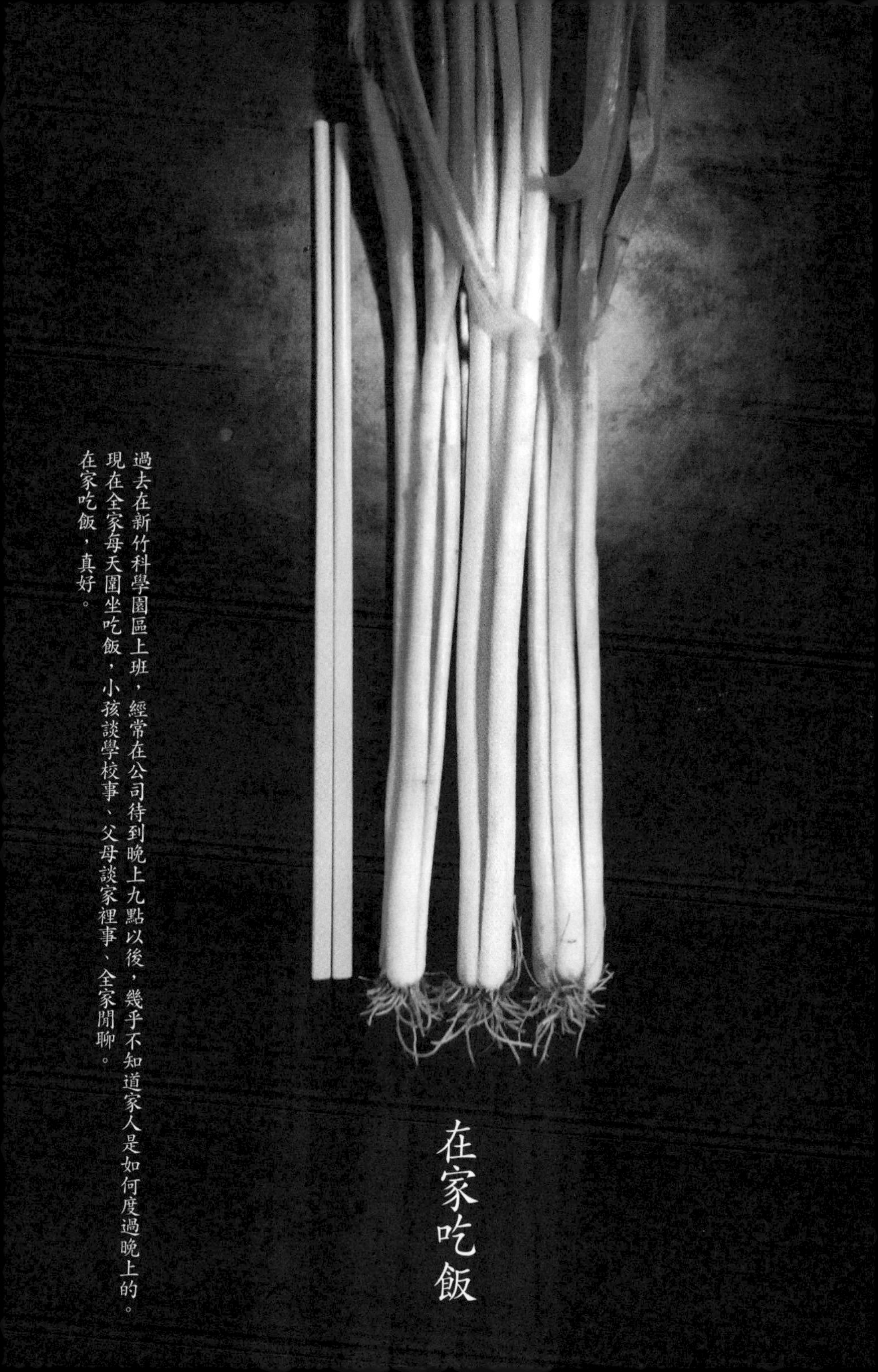

在家吃飯

過去在新竹科學園區上班，經常在公司待到晚上九點以後，幾乎不知道家人是如何度過晚上的。現在全家每天圍坐吃飯，小孩談學校事、父母談家裡事、全家閒聊。在家吃飯，真好。

工寮

我用電腦繪圖軟體，畫了大工寮的設計圖。
開始動工後，師傅才發現他根本看不懂我的設計圖。
師傅認真的趕工。我在旁邊一邊種菜，一邊想細節，他就邊接招邊想辦法。

最簡單的最有力量

我家的菜至少種四到五週才收成，
這樣的成長速度在我們看來是正常，對別人卻是牛步。
沒灑任何肥料，所以家裡的菜有原本的蔬菜味道，
一股濃厚的香味。
最簡單的最有力量，我家的蔬菜最有力量。

終於同一國了！

丈母娘眼裡容不得野草存在，
在菜園裡除草，不管高矮大小、不管草種，一定要連根挖起才安心。
對於我們種植作物不施肥的方法，她總是又擔心又有點生氣的說：
「沒放肥哪會長大啊！你嘛卡好心哩放一點肥！」

吃自家種的蔬菜，我們問她感覺與外面買的蔬菜有什麼不同，
丈母娘剛開始總是說：「還不是一樣！」
幾個月後，終於聽到她邊吃邊說：「厝裡這款菜卡好吃！」
太太很高興的對她說：「你終於和我同一國了！」

這個農夫有點懶！

當楊桃園有近一個月的時間是被高大野草淹滿時，其他農夫或參觀者總覺得：這個農夫有點懶！但對其他割草更少的自然農法農夫而言，我好像又太頻繁割草了。

有些新的野草長得慢，還沒開花結籽就到了要割草的時候了，雖然我會刻意避開它，但因戴著保護臉部的黑網面罩，看不清楚外面細微處，割草機的尼龍繩刀片速度快，常常一不小心就掃過野草柔弱的莖部，花朵斷掉，無法再傳播生命，自己心裡就有做錯事的感受。

楊桃園草中的雉雞蛋

楊桃樹上的雄蟬

螳螂抓到長腳蜂

蟲蟲大隊

第一次，我們找到兩個媽媽來套袋。她們套完十分之一的楊桃樹，就不肯再來。

我們四處打聽原因，才知道她們嫌楊桃園沒噴藥又茂密，所以有很多蟲，蟲多讓她們發癢，所以她們不做了！

我跟妻子兩人真擔心套不完。

綠色隧道

我們家這片楊桃園有多大？大約1900坪。如果要巡完每棵楊桃樹，就要走這綠色隧道至少十次，也就是1.2公里，我們把它當成農夫的每日輕鬆散步！

假面騎士

我們夫妻倆正忙著採楊桃，沒空陪在田裡工寮寫作業的兒子。好出怪點子的兒子，竟然拿包裝楊桃的保麗龍蔬果網套來玩耍，他將網套套在臉與腳上，自稱為假面騎士。

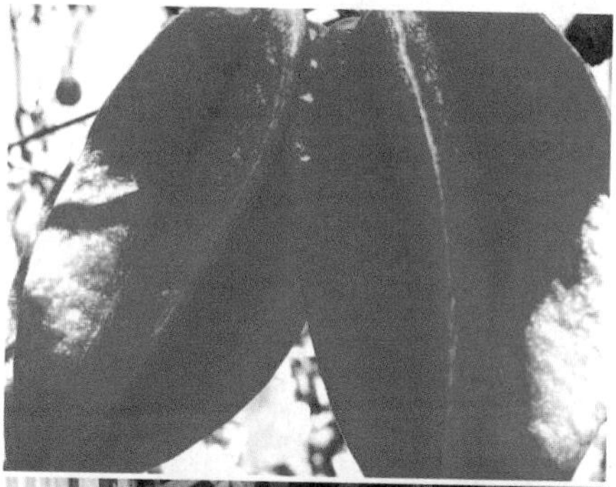

感謝的淚水

遠道而來的兄長全家都來幫忙包裝楊桃。

說也神奇，採收後，朋友幫忙，陌生的電話一通通打來，竟然都是要訂購楊桃，似乎許多人在親友家吃過，感覺好吃而想購買。

妻子走過每株楊桃樹，低聲為它們祈禱，一株一株地感謝它們的回報。走著走著，忍不住對著楊桃樹流出喜悅的淚水。

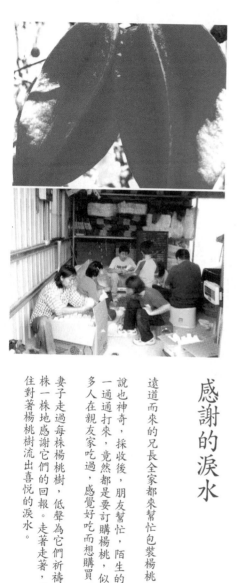

農夫的幸福

坐在關上車窗的貨車前座，不到五十公分遠，
我近距離看著牠獨舞，這邊飛、那邊停、在玻璃前搔首弄姿、
在樹枝上停佇發呆，這是從沒有過的賞鳥經驗。
一隻可愛親人的小鳥，十分鐘貼身觀察的感動，
真幸福！作農夫竟能在園裡深度賞鳥！

就像小蜜蜂般的生活

為了自己的樂趣、為了想過農家的生活、為了自然農法的推展，太太與我每天一同工作。

在小孩的純真臉孔看望下，在美麗的都蘭山凝視下，即使每天有做不完的事，我們倆還是一步一步的向前推進，每天都做一點點。

日積月累也做了不少，這就是農業，雖平淡卻又有挑戰。

對土地的愛

曾經在電子業參與新的數位電視設計，努力追求更高畫質的映像表現，但喜愛電影的我總覺得，感動人的影片，從來不是出自精細準確的畫質，而是來自感人的內容與故事。

台東十月中旬的秋天，上午仍是天空明亮且陽光偶現的好天氣，正是採收楊桃容易看透套袋內是否黃熟的最適宜亮度，不多的楊桃趁此時採完。

中午休息結束再回園裡，竟已吹起強勁的東北季風，滿天烏雲，也飄起細雨。細雨讓土壤微溼，正適合播蔬菜種子。我和兒子用耕耘機、鋤頭與耙子，一起鬆土重整了四條長菜畦。

我頂著斗笠、蹲在畦邊、背著細雨，握著一把小白菜種子的左手，刻意藏到斗笠下方遮雨，以免微小的種子被淋溼後，就不容易一粒粒分開捏出。

每三公分間距，放一粒種子，像放珍貴的寶石般，小心的放在淺長溝中央。這些種子很珍貴，是淡水的前輩用「秀明自然農法」種植並採種多年的種子。

種子種到土壤裡，只要有適當的水、適合的氣候與溫度、剛好的日照，自然就會慢慢發芽。旁邊一畦也是相同來源與品種的小白菜，播種一個多月，慢慢長，葉片終於有六公分高，依經驗，這時它的根系已發展，接下來只要適度澆水、鬆土，它就會展現魔力，愈長愈快。

不放任何肥料種植的小白菜，這時候的生長速度令人驚奇，不過一週前，我嘀咕著：這些小白菜是否掛了？要不然，怎麼幾週才只長一公分高？大概小白菜聽到我的嘀咕了，一週內用力竄高，生命總是值得耐性的等待！

作農，如同播下蔬菜種子般，要耐心等待與管理才會有收成，只靠一張嘴與筆是不會有收穫的。朋友建議我寫些軟性的、對土地的感情、生命等文章，但是對於一個農夫，用雙手做事，比起寫一些充滿感情的文章要來得容易多了。

自己不擅長的事總是勉強不來，我不是朱自清，描述不出〈背影〉裡彎腰撿橘子的老邁父親形象；我也不是黃春明，書寫不出〈蘋果的滋味〉裡的貧苦荒謬；我只是一個從理工背景轉作農夫的壯年人，只會平鋪直敘我的農事與生活心情，不想、也不會整天把對土地的愛掛在嘴邊。就像老夫老妻，生活互相為伴、為對方打理生活，偶爾鬥鬥嘴，但這就是愛！

愛，存在於行為，存在於眼神，存在於責任，而不只是話語。花朵不說話，但香味與形態的美卻已讚嘆宇宙的神奇；螳螂不吭聲，但迅捷的捕獵卻已道盡自然的奧祕。農夫對土地的愛，存在於應時的耕耘，希望的播種與喜樂的收成，隱藏在一點一滴的觀察。

如果不是愛，不是習慣的愛，為何七十多歲的老農夫要堅守田地，賺那點微薄收入？《無米樂》的無奈道盡農夫對土地的愛。也許由電子業轉作專職農夫就是某種對土地之愛的宣示！

因為想親近土地、貼近自然，於是我厭倦再做對我不再有意義、也沒有興趣的電子業。曾經在電子業參與新的數位電視設計，努力追求更高畫質的映像表現，但喜愛電影的我總覺得，感動人的影片，從來不是出自精細準確的畫質，而是來自感人的內容與故事。

多年前侯孝賢的《冬冬的假期》，還有更久遠之前小津安二郎的《東京物語》，這些舒緩悠長鏡頭裡的小人物，娓娓道來人生的真情，直到現在仍讓我懷念。

真摯的電影不依賴高畫質；動人的故事不憑藉高科技。努力做更高畫質的電視，真的是我們所要的嗎？就是這樣的工作與思想矛盾，讓我不想，也不能再浪費生命。電子業不缺我一人，但我的人生不能缺少自己的靈魂。**作農，正是想對自己靈魂的再尋回**，對土地的感情，就不用一直再掛在嘴邊了。這時代鄉村只有離農，早已沒人要作農夫了！願作農夫，就是對土地的愛！

至於朋友為我擔心作農的收入微薄等問題，雖說重要，但看開點，一點也不重要，因為日子總是會過的，能全家在一起就是幸福！夫妻一起做喜歡的田間農事是幸福！有兒子在下課後陪我種菜是幸福！開始認識很多有生命力的新朋友也是幸福！如果七十歲了，還能像《無米樂》的阿伯樂在耕作，那更是幸福！**損失積蓄與收入的安定換來幸福，不是很值得的交換嗎？**

「上帝關了這扇窗，就會開另一扇窗」，認真耕作總會有收穫的。關心我的朋友，請不用擔心！我們只需要時間，等待土壤淨化與作物力量展現，除了祈禱外，唯一該做的事就是繼續作每天該做的農事。上天如何賜予早已注定，只是透過人的盡心照顧去實現而已。

我不是基督徒，但無意中看到一段電視傳道：「與耶穌同行不是祂的門徒，因為這些人只是感受耶穌的光環，卻未作任何放棄自我思維與享受的犧牲，只有先放棄自我、犧牲自我；耶穌不會幫你找來十字架，自己願背起地上的十字架才是耶穌真正的門徒。」我不必背十字架，但體會到讓「秀明自然農法」實現就是我作農要背起的責任。只要義所當為，愈是沒人敢做，愈是要做。

「秀明自然農法」不是有機農法，它比有機農法更純粹，只能用草葉堆肥，但是也因此前幾年投入多，回報少，如果想：「為了產量，只加一點肥料，一點農藥，應該沒關係吧？」若真是如此，那就像與魔鬼交易，有了第一次，就有第二次，接著第三次……然後一切都變質了。

對我而言，「秀明自然農法」值得用生命等待、用時間耕耘。愛，就是去做吧！

兒子在大自然裡自由探索

一段教籃球的學習之旅

她們腳步凌亂，身體僵硬，球更是不聽使喚，往往沒運多少球，就哀哀叫：「大腿好痠喔！」

暑假前的地區國小籃球比賽，女兒學校的女籃隊意外地由第四名大幅進步為第二名，而升上六年級的女兒與班上另四位好朋友，也終於成為學校「真正」的學姊，有了學姊的身分與好的比賽成績鼓勵，她們在新學年有更多動力練習籃球。

再加上兩位五年級的高個子與兩個四年級有興趣打籃球的學妹，九朵可愛的小花在每週四下午四點半，準時出現在籃球場，她們準備練習至少一個半小時。

去年練習時，經常推託借不到籃球，新學年的開始，她們卻主動向學校借到每人一顆籃球，這樣就能加快練習進度了。

更令人訝異的是，雖然距離地區國小籃球比賽還有九個月，但她們已經自動自發，利用每天一節下課的短短十五分鐘，相約一起跑操場，鍛練體能。

當籃球教練的初始動念是出於私心吧，不算熱心公益！畢竟想打球的女兒也在籃球隊裡，鄉下學校沒有人贊助經費，也不易找到教練。對我來說，每週四早點結束田間工作來指導她們只是舉手之勞，我與女兒之間也能多個共同話題，拉近父女感情。

不過，「要做就要做到最好」是我的處世原則，也一樣貫徹在教籃球上。

第一週練習前，我交給她們每人一張連續九個月的每週練球進度表，讓她們也有依照進度自我練習的責任。小朋友年紀不大，能否自我要求不得而知，但至少可以讓她們了解我不是來陪她們玩玩而已，練球就要認真。

我國小五年級開始打籃球並加入大專校隊，籃球曾經讓我在青少年與青年時期建立更堅強的自信，除了鍛練出還不錯的體力與耐力，更培養出不怕磨練的盡力態度。這些球技外的收穫是我在教她們技術之外，更希望她們能

練習前要先做熱身操，由隊長帶著做

熱身操後要跑操場，隨練習週數而增加圈數

建立的心理素質；當然，能愛上籃球或建立運動的習慣，也是訓練的重點。

女兒學校的女籃隊，除了一個勉強算好手的球員外，其他的小女生只有拚搶球的意志與濫投的欲望，根本沒有基本動作可言，也不懂基本規則，加上球隊沒有多年傳統，沒有學姊可以帶領學妹，一切只能從零教起。

我挺著一身邁入中年的老骨頭，親自示範基本動作。當小女生們每次練球，我總要在旁邊大喊，提醒各種動作要領。每次劇烈運動做示範，汗流浹背時，總覺得彷彿又重新回到年輕時打籃球的青春歲月。

從最基本的運球開始，我要求她們要半蹲、腰桿要挺直、手掌張開、手腕與手指用力運球，並掌握節奏與韻律。

剛開始，她們腳步凌亂，身體僵硬，球更是不聽使喚，往往沒運多少球，就哀哀叫：「大腿好痠喔！」但我仍要求要運幾百次，還要左右手交換練習，不能打任何折扣，小女生們也只好忍耐做完。

等第一次練習完運球，大家總算有點像運球，而不是幼兒玩拍球了，但緊接著要考驗她們運球越過我的抄截防守，這對剛開始練習的她們而言當然不容易，每次身一過球就被抄，覺得困難重重，於是又開始吱吱喳喳求救。

不過在第二週練習運球後，她們就逐漸掌握住其中的訣竅，知道如何用身體與另一隻手來阻擋我，並將球運低遠離，最後終於大部分的球員都可以通過我的抄截防守。

就這樣，運球、傳球、投籃、上籃、防守、規則講解……我帶著九個小女生展開一段籃球的學習旅程。除了每週練習一次，她們平時下課，也會立刻衝到球場練習。

看著這些小女孩不斷重複練習所教給她們的動作，眼裡熱切學習的眼神令人十分動容，有時，我有種錯覺，覺得每個人都是我的女兒。

我想起不過就是幾年前，那個跟著媽媽讀《巧連智》，一個字一個字的學認字，然後從繪本看到童話，再看到短篇小說而到《哈利波特》，最後來到《傲慢與偏見》與《紅樓夢》的女兒，原來不知不覺中，已長這麼大了。

球隊的小女生也一樣，每個人每週都有進步，幾個月後觀察她們，已經是在打籃球而不是玩籃球，她們的進步，我像是父親般地感到高興。

慶幸自己是一位能自己安排農事的農夫，才能每週抽出一點時間，陪伴她們練習這九個月。**與其說是我在擔任她們的籃球教練，倒不如說是她們在擔任讓我重尋青春活力的老師；與其說是我在教籃球，倒不如說是她們在提醒我，人生的腳步是如何邁開的**。我停下農事，教這群小女生籃球，究竟是付出，還是收穫？就看是從哪個角度看，九個月的陪伴，相信是未來女兒回憶成長很有趣的一段時光。

第一階段練習後，練習三對三鬥牛十五分鐘，這是她們最不叫苦的事

兒子下課午後幫忙耕耘

才讀小二的兒子奮力控制近五十公斤重的耕耘機，無奈耕耘機太重且土太硬，瘦小的他身體太輕，壓不住耕耘機，耕耘機一直向一邊偏去。

跟著夫妻倆作農的兒子經常在田間邊著鍬钁，對著滿園作物唱歌或獨白，或拿著竹棒打野草，或觀察螞蟻活動，或觀察最近才迷上的蝴蝶，不過這些有趣的事都比不上——看我操作農機。

上星期當我用小牛耕耘機整理蔬菜畦，兒子在旁觀看，興頭一來，不斷央求讓他試試看操作小牛耕耘機。考量自己在旁邊，應該不會有傷害，於是就答應他。我進行一些基本操作指導與示範後，輪到了他。只見兒子奮力控制近五十公斤重的耕耘機，無奈耕耘機太重且土太硬，瘦小的他身體太輕，壓不住耕耘機，耕耘機一直向一邊偏去。看來兒子玩不動耕耘機，只好摸摸鼻子，乖乖拿起重重的鋤頭，幫忙將蔬菜畦的走道挖出來，雖然走道是成形了，但卻挖得歪歪斜斜，最後我只好去收拾殘局，把走道再拉直。

意興闌珊的兒子，最後跑去菜畦上鬆土，因為菜畦上殘留的都是小草根，兒子找到符合他矮小的身子能做的事，父子倆很快協力整理好四畦蔬菜畦。

兒子喜歡鍛練身體，所以我在院子裡設了一個符合身高的單槓，有空他就會去拉幾下引體向上。雖然兒子才二年級，但他對我捲起袖口，秀出他自稱有隆起的上臂肌肉。我仔細一看，好像真的有肌肉，不過這樣的手臂若要使用重重的農機與農具卻還是有所不足。

對兒子來說，給他一片土地、一把鏟子、一點像工作又像玩耍的指令，他往往就能自得其樂的玩上一個多小時，也能大致將要求的工作完成。

兒童天性就是愛玩，卻也愛接受挑戰，甚至享受完成工作的成就感，不必把孩子當成什麼都不懂，更不必過度保護他。

我和太太曾帶著兩個小孩在夏天午後去撿乾草，我在前幾天先用割草機割下後曬過，長長的乾草近一百坪，我先發給他們一人一個黑色大塑膠袋，然後四個人開始將地上的乾草扒成捆再抱起，放入塑膠袋。乾草裡藏著螞蟻、一些小蟲、許多灰塵與泥土，起初兩個小孩都會抱怨，不過等做了一會兒後就不抱怨了，他們乖乖地做，最後全家總共完成了十多個大袋子。但這還沒結束，還要將乾草載回去園地，幫鳳梨鋪草覆蓋。鳳梨葉片長長的，又有利緣，一不小心就會讓皮膚劃出一條條細紅血絲，或插出一個小紅血點，儘管如此，我們一家人還是慢慢地鋪完了，總共做了快三個多小時。

很高興孩子能堅持做完全程，我們也希望這樣的勞動過程能讓他們學會一些道理。

曾經招待二十多個小朋友隨家長來參觀，當時我們刻意安排做半小時的勞動，兒子被我找來陪這些小朋友。太太帶其中一梯次的小朋友挖地瓜，已有多次挖地瓜經驗的兒子，就是最好的小幫手。兒子靜靜地跪在畦邊，聽太太先講解，一副蓄勢待發，準備等會兒好好示範給這些小朋友看的認真模樣，令我印象深刻。

孩子在下課午後陪夫妻倆做事，其實並沒幫到什麼忙，但是我們一同度過的時光，卻是最好的回憶。當將來孩子長大了，回憶也會點點滴滴縈迴在孩子腦海裡。

兒子歪歪斜斜地使用耕耘機

親近又陌生的臉

兒子累得下不了車，洗澡完很快就入睡，沒兩小時就開始嘔吐，一晚吐了幾次，晨起無精打采、全身無力。

某週六每月的「秀明自然農法」農友聚會在另一個農莊，照例大人於晚餐後，討論農事與生活感想，幾個小孩就在戶外空地玩得不亦樂乎，玩的時候全身熱起來，但早春夜露深重，兒子衣物不足以保暖就受涼了。

回程兒子累得下不了車，洗澡完很快就入睡，沒兩小時就開始嘔吐，一晚吐了幾次，晨起無精打采、全身無力。

我們家除了長輩堅持小病吃藥外，全家是盡量不吃藥的，以保持身體原本的潔淨與能力，五年多了，全家人也幸運地沒吃進一粒藥，類似兒子受涼而感冒這種小病，若無嚴重症狀，精神也尚可，病人就是接受家人祈禱，只吃稀飯與沒半滴油的蔬菜，然後就是睡覺與喝水，讓身體徹底休息，通常一至兩天後，病症最嚴重的時候就過去了。兒子也了解這家庭原則，除了要求擁抱與撒嬌外，就乖乖的躺著休養！

安撫好兒子在家睡覺休養後，我依舊去楊桃園工作。台東白晝的天氣已漸暖，少數樹勢旺盛的楊桃樹，感受到春天來臨，已開始抽出新芽，根據經驗，又快到修剪枝條的時候。

雖然已有剪過兩季楊桃樹枝條的經驗，但是又過了數月，那種修枝的感覺又淡忘了，突然之間，我很陌生的看著枝條，不知道該如何下手。

我仔細在抽新芽的楊桃樹下端詳，細枝、向內枝、枯枝不少，就先從這些簡單的下手吧！但是有些枝幹伸得長長的，末端離主幹很遠，已乾枯的末端部位竟能長出新芽！到底楊桃樹是要犧牲掉這段枝條？還是要它？我不知道答案。

記得果樹栽培書上所說：「修剪枝條的目的，是要讓果樹上每片葉子，都接受到最好的日照與通風，維持均衡的生命力。」但是書上的原則若沒有真正體會，就只是死的一段文字。

看著這株楊桃樹，我一邊小心做，一邊觀察與思考，嘗試找出對它最好的修剪方法；但不管怎樣，心總是忐忑不安，楊桃樹的落葉、枯枝、新芽等，或許已無言的展示它想要的方向，只是它不會說人話讓我了解。

當不再給任何肥料與農藥，楊桃樹就已是獨立的個體，靠它的個體努力，並與漸潔淨的土壤合作，讓自己成長與繁衍；我能做的，不過就是幫助它，排除太嚴苛的競爭環境與對手，比如去除旁邊快速生長的雜木、過高的野草、攀爬的蔓性野草、不協調的枝條生長、過多的果實等。

關於求生，楊桃樹比我更了解如何做，也比我更認識自然！面對楊桃樹，雖然有天天見面的熟悉，卻又有走不進內心的陌生。

提早收工回家，我靜靜看著仍安睡的兒子，那張小臉已由幼兒的稚嫩長成少年的清純，不知不覺幾年間，兒子就長大了。生病的時候，只能自己承受，父母不給他藥物減緩症狀，乏力、頭痛、拉肚子、痠軟、嘔吐感全力來襲。一個八歲小男生，竟能自己熬過這些病症的痛苦。

突然，我覺得這張熟悉的小臉很陌生。照顧他就像照顧楊桃樹，身為父母的我們，根本沒為他做什麼！是他如此堅強，我們只能在他醒來想被擁抱時，用力抱著他，安慰他的勇敢！有點心虛的，我離開仍在沈睡的他。關

學習信任植物本身存在的力量

於身體復元，兒子的身體會自動去做，誰也幫不了忙，他只是需要心靈的支持。

楊桃樹，熟悉卻又陌生的枝條；小男孩，熟悉卻又陌生的臉。

兒子躺了兩天，星期二有了精神又開始去上學，到了星期三，又開始很有精神的用力講話、走樓梯用跳的、騎自行車……我知道，這個勇敢的小男孩康復了！

至於楊桃樹，不會走、不會說話，它也將在冬天後全面復甦嗎？我不知道，就等著它用更多新芽告訴我吧！

學會購買前的思考

偶爾有機會去市區大賣場，我們不再像在新竹購物時不太思考，現在變得想很多。總先把商品放入手推車，邊推邊想：「到底我需不需要？」

快過年了，這個週休二日在家大掃除，全家動員從租屋的二樓整理到一樓。我們清理出很多再也不需要的物品，家裡頓時清爽空盪許多，不但屋內多出空間，也騰出空間在自己心裡。

搬來台東後，第一年仍未作農，忙著社區大學與有機農場的上班工作，家裡的物品如同從新竹剛搬來時，沒有清理過，這是搬來台東第一次清理。

這間鄉下租屋不小，一、二樓近六十坪，還有三樓小空間可以儲藏，但

為何還是覺得擁擠雜亂？

要讓屋內看來整齊、清爽，只有將雜物放入櫃子，但是櫃子就這麼多，早已塞滿舊物品，舊的不丟，新的要如何放入？孩子總是眷戀舊物，任何年幼使用過的物品都捨不得丟棄，今年我強烈要求，他們也大了一歲，竟捨得丟掉許多舊物。一大箱、兩大箱、三大箱、四大箱，不需要的物品還真多。屋內頓時變得清爽，感覺舒服多了。

我們將四個舊物紙箱放到院子入口，等著載運回收物品的村民搬走。看著這些物品，想到萬一沒有人要接手這些二手物品，它們將變成垃圾，除了萬年不能分解的複合塑膠製品，其他材質要多久才能分解或再利用？

很慚愧，我根本沒想過！突然警醒，自己以前在電子業上班竟然這麼會消費，食物、CD、DVD、書、玩具、衣服、水族用品、經常國外出差買的禮物等等，或許當時收入較高，賺得多，花起來不心疼；也或許消費只是為了滿足物欲？或以為陪伴孩子可以用物品取代？

自從作了專職農夫，我的心境漸漸變了！由於現在收入與過去相比少很多，自然而然，也不得不然，學會了購買前的思考。

偶爾有機會去市區大賣場，我們不再像在新竹購物時不太思考，現在變得想很多。總先把商品放入手推車，邊推邊想：「到底我需不需要？」心裡自言自語幾次，通常沒多久又推回原位，將該物品放回，因為想想實在不需要。

生活中少了這些物品，我們一樣活得好好的，少買物品就是多留地球資源給後代。

大掃除要做的不只是空間的清掃而已，還有陳舊與錯誤的價值觀，束縛心靈思維的習慣。心靈與空間一樣，少欲多施會更清爽，農耕方法也是如此。

農民通常都很勤勞，用許多肥料、藥物、很多方法，想控制與改變自然以輕鬆得到大量的收成，至於環境與健康的危害就不在考慮之內。

日本三〇年代有位福岡正信先生，用了幾十年歲月發展福岡式的自然農法——不施肥、不用藥、不耕耘、不除草，他在《一根稻草的革命》（One Straw Revolution）這本書上說：「大自然裡，農耕要想著可以少做什麼事，不要只想著該多做什麼事！」這樣的做法與多數農民相反，但是數年後證明，他的稻米與柳橙都有不錯的產量與品質。

生活中**消費的衝動，也必須靠大掃除解開心靈的枷鎖，否則就陷入賺錢、消費、滿足、空虛、再賺錢……的無止盡迴圈。**

人變成賺錢與消費的奴隸，找不到真正心靈的滿足。

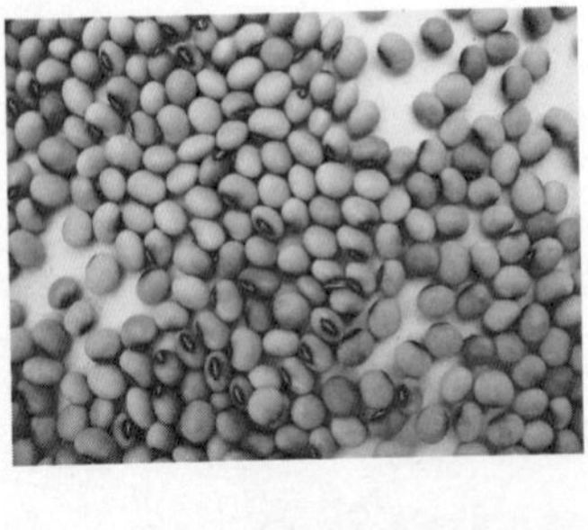

像黃豆一粒粒分明的心

偶爾有朋友參觀，提及很想過「半農半X的生活」，或專業務農，或到鄉下過生活。通常家人，尤其是長輩，都不贊成放下穩定或優渥的工作，轉作辛苦又收入不穩定的農夫。

來自親友的阻力、自己過多的考慮，很多朋友的鄉村農業夢就漸漸遠颺。這些朋友要從親友口中得到支持意見應該不容易，這時候只要先把自己的心做一次大掃除，讓心來告訴你要如何，不要用腦來指揮，這樣才能清理出自己的方向。

經過兩天的一起整理，家裡總算舒適多了。透過這樣的定期清掃，小孩可以學會消費購物的節制，然而無法馬上教會的是，心靈該如何大掃除、價值觀該如何內省？也許這是孩子與我，甚至多數人，終其一生都要努力不輟的課題！

我們家的貓事

小貓們愈來愈頑皮，在家裡的運動休旅車未售出前，小貓總是一跳而上到輪圈的縫裡，再進入引擎室，也許是冬天想在引擎旁取暖吧！

搬到台東鄉間，大大的院子空著冷清，覺得總要養點寵物才像鄉下，好像就是這樣的念頭吧，讓家裡三年多來，貓狗來去不斷，帶給我們許多思念與樂趣，就說說小貓的事情吧！

最早的貓——四胞胎的小貓

鄰居後院的母野貓失蹤了，才兩週大的幼貓整天低聲哀號。我們聽了一兩天，終於不忍心地全抱回家養，還沒斷奶的幼貓走路搖搖晃晃，弱不禁風的模樣令人憐惜。

根據牠們的尾巴特徵取名：長尾、短尾、彎尾與小不點。

每天由我幫四隻幼貓餵奶，出生時最瘦小、吃奶總是剩一半的小不點，沒多久就夭折了。其餘三隻幼貓早晚餵了一個月，終於幼貓長大成小貓。看著牠們長大的模樣，讓我忘了是如何熬過那樣的心情牽絆。

來鄉下的第一批小貓，雖是全家的寶貝，但我規定只能住在院子裡，不准進室內。

小貓長大到兩個多月大時，開始上上下下活蹦亂跳，三隻小貓精力充沛，沒事打成一團，加上偶爾攪和的兒子，熱鬧非凡。

小貓們愈來愈頑皮，在家裡的運動休旅車未售出前，小貓總是一跳而上到輪圈的縫裡，再進入引擎室，也許是冬天想在引擎旁取暖吧！我怕牠們受傷，趕過幾次，但小貓好像已習慣如此，總是學不乖。

有天，全家出門後回家，發現小貓少了兩隻，附近找也找不到。只能猜測是開車出去時，又躲在引擎室內。停車時，小貓跳車再也找不到路回家了！我們回去當時的停車地點，也找不到小貓，悵然找尋數日，沒多久，竟

大太陽下睡懶覺的小鐮刀

連最後一隻小貓也不見了。是因孤獨傷心而離家？還是又隨休旅車出門而不歸？我們永遠不知道答案，因為小貓全離開了！

數月後，在住家附近一瞥而過有類似花紋的大貓，模樣長得很像那三隻小貓，但一靠近，牠很快就躲起來，無法確定是否就是我親手餵一個多月的小貓。

用了幾種方法都無法誘引牠來，最後只好祝福牠，自由自在地過自己的日子了！

現在的「喵喵」

喵喵是兒子去鄰居阿公家求來的小貓，養了一年多已是大貓。喵喵原本是瘦貓，因抓老鼠進補而變壯碩，一等進補退效，又變回苗條的瘦貓。

我們帶喵喵去結紮，以免害鄰近母貓懷孕，喵喵似乎自覺可憐，結紮後食慾大增，自願放棄苗條身材，一路變胖，常常剛餵貓食，好像吃飽了，卻又在門口喵喵叫，吵著要食物吃，當然連抓老鼠的鬥志也沒了！

不過，喵喵脾氣好、愛睡覺又不愛出院子，從小到大都不改其志！

抱奶瓶的小貓——鐮刀（尾巴的形狀很像鐮刀）

十月初，住後面的阿婆家裡發現一隻孤單的幼貓，原來牠被母貓遺棄在床下。阿婆好心送來給我們養，還分享一句台語俚語：「孤貓顧米倉」，意思是單胎的貓長大後，將很會抓米倉裡的老鼠。

我不知道比大老鼠還小一號的鐮刀，長大後是否真的會抓老鼠？倒是肯定鐮刀很會抱奶瓶，這隻貓由住工寮的義工餵奶一個月，靈光到自己會抱住奶瓶喝，不用人扶！比起牠的走失前輩——長尾、短尾、彎尾，沒有一隻貓會抱奶瓶，這應該算鐮刀的特殊技能吧！

兩個月後，鐮刀已開始會跳上跳下，還會咬木頭、玩燈泡，年紀很小就學會在大太陽下睡懶覺的習慣！是不是因為養在田裡的工寮，只有與人相處，沒有貓媽媽教養，沒有別的貓朋友可以學習，才養成這些怪怪的嗜好呢？我們無從得知，但有了鐮刀的陪伴，倒是增加不少鄉間生活的趣味。

喵喵走了

黃色的項圈是幾週前才剛買來戴在牠身上，我們原本希望讓別人知道牠不是野貓，沒想到這時候，黃色項圈竟成了刺眼可辨的哀痛！

喵喵是隻好脾氣的貓。當有朋友來訪，牠總是逆來順受的被大家玩。

牠是愛睡覺的貓，因為白天看到牠，多半是呼呼大睡；牠是會抓老鼠的貓，自從吃了一隻大老鼠，原本瘦小的身體，像吹氣球般突然變得圓圓胖胖；牠是兒子親自討來的貓，兒子站崗多日，終於讓鄰居阿公願意分給他；牠更是靈活的貓，輕輕一跳就上了及腰的圍牆。

養喵喵兩年了，沒有轟轟烈烈的故事。喵喵就只是在院子，陪著孩子成長。小孩長大了，小貓也變成老貓，不變的是，喵喵依然經常被兒子抱得緊緊的。

但是一場意外，我們再也看不到牠了！

那天女兒上課前，才騎單車出院子，就匆忙大哭回來說：「喵喵被撞死了！」我由二樓衝下來，跑到馬路中央確認，結果地上血肉斑斑的那一團，真的就是喵喵。

黃色的項圈是幾週前才剛買來戴在牠身上，我們原本希望讓別人知道牠不是野貓，沒想到這時候，黃色項圈竟成了刺眼可辨的哀痛！

兒子站在院子門口痛哭，我把喵喵的身體放在紙箱，過來抱著兒子給予安慰。

喵喵被安葬在院子的泥土下，以後會化作滋養院子植物的養分，開出美麗的野花。據說，貓死是為了承擔主人原本要遇到的不幸，我們只能默默的感謝牠代替了我們。

幾天過去了，一想起喵喵還是很難過，原來在一起生活久了，感情早已濃得化不開。

但是生命真的很奇妙。在喵喵離開前的一小段時間，家裡突然來了一隻小貓「鐮刀」，除了年紀與大小和喵喵不同，安靜與活潑的個性不同，但兩隻貓的外表非常相像，彷彿鐮刀的到來是為了接續喵喵的離去。

兩隻貓共處相依幾天，互換了住在這個家的心得，用貓的生命繼續陪伴我們！

謹以此文紀念可愛的喵喵。

近兩年前剛來的喵喵

一年十個月前的喵喵

喜歡黏著母狗可可的喵喵。喵喵是公貓

睡在草地上的喵喵

睡在布鞋上的喵喵

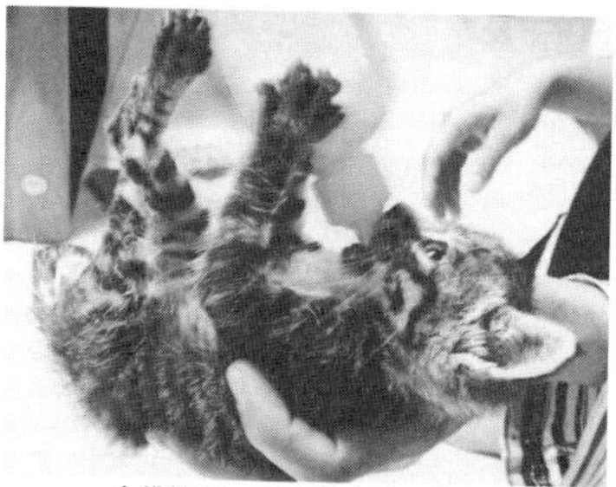

小貓鐮刀一個多月大時，抱奶瓶的模樣

睡在舊鞋櫃上的喵喵

小貓鐮刀度過斷腳危險，還能跳上、跳下、快跑

睡在雨鞋上的喵喵

畢業前的籃球賽

務農已經很忙，卻還義務去教女兒學校的女籃隊打球？其實那是個美麗的意外。

五月的某天下午，附近國中的體育館內，一場籃球賽正在火熱進行。第四節的比賽時間一分一秒過去，終於，裁判的長哨聲嗶一聲響起，終場時間到了。

女兒國小女籃隊的小球員們興奮得高舉雙手、又叫又跳，嘶吼聲迴盪在體育館，因為最後的分數是十六比四，她們贏得這場籃球賽，拿到「地區國小籃球錦標賽」的女子亞軍。

賽後，一群小女生汗溼全身、氣喘吁吁的排隊集合，等待頒獎，終於又拿到獎盃了，也留下童年美好的回憶。雖然仍和五年級時一樣，只拿下亞軍，卻比奪得冠軍還高興，因為經過努力得到的果實最是甜美。

回想過去八個月，每星期一次女籃隊的練習，終於隨著這場比賽而畫下句點了。球隊裡超過一半球員是六年級，即將要畢業，等秋初新學期開始，她們就不再出現在球場。我看著這些紅紅的熟悉小臉，心裡有點不捨的悵然。

畢業前一個多月，當我們全家圍桌吃晚餐時，女兒就不斷唉聲嘆氣：「唉，只剩××天就要畢業了！」那時我還沒發現原來難過的不只是女兒，還包括我！

那時我已經訓練這群小女生八個月了，收穫最多的卻是我！在小女孩的笑臉與純真中，我自己也很快樂。

記得當時我訓練她們運球閃過我的防守，起初很容易被抄到球，等到第二週，她們掌握了訣竅，知道如何用身體面積與手臂來保護球，就這樣，慢慢地，她們一個個從生手逐漸變成有企圖心的選手。

我從完全不了解她們，到後來幾乎大致掌握了每個球員的特質，我的身分不再只是學生家長而已，而是成為與球員有默契的教練。不過她們雖然有進步，還是常常被我嘮叨，碎碎唸，或是訓話，而她們也總是聒噪不已，但努力與進步的成就喜悅，讓這群小女生逐漸了解什麼是運動精神。

隨著籃球比賽結束，女兒慢慢長大了，六年級一畢業，球隊一下子就會少了六個人。新學年度開始，教籃球這件事不再只是出自於一個父親想教女兒打籃球的心，而是一份可以繼續延續的快樂與責任。

雖然九月開學時，我得再一次從頭教籃球，但這一次很不同，因為除了女籃，還包括男籃，還有其他想學籃球的新血，我將再一次在籃球場上溫習我多年前曾經在球場上學會的事——快樂打球，全力以赴。

蟲蟲大隊

第一次，我們找到兩個媽媽來套袋。來了幾天，只套完十分之一的楊桃樹，就告知我們有事無法再來，我們四處打聽原因，才知道……

二〇〇六年冬天算是暖冬吧！一直到十二月二日才開始吹起東北季風，花東縱谷兩側山脈形成的風口，讓關山鎮方向吹到鹿野鄉的季風強勁有力，吹在臉上像是冰冷的小刀劃過，這樣的風不比以前住在號稱「風城」的新竹東北風來得小。

風大，就擔心樹上等待成熟的楊桃會落果。我才了解，轉業當農夫，有快樂、自在與各種擔心。

第一波的楊桃結果量不多，我們夫妻倆親自套袋，只套了不到四千個，到十一月中，開始有成熟的楊桃可以採收。我們用的農法遵照大自然的規律，沒有任何生理調節的干涉，所以果實陸續自然成熟，因為量不多，太太每兩天巡楊桃樹並採幾籃，扣掉鳥吃、黴菌、蟲咬，剩下的只有原先套袋的六成，只能出兩、三個六斤裝的小箱。

訂購的客人吃過後，大部分人都說好吃，滋味甜中帶微酸、脆的口感、飽滿多汁，這樣的評價讓我們欣慰，這也是大自然給我們的第一次回報。

第一年楊桃有這樣好的反應後，我們有信心第二年楊桃的品質。看著第二年滿樹的楊桃花轉成幼果，我們心裡開始有了對收成的期待。

但世界上的事就是這樣，期待愈多，失望愈大。

第二期楊桃的幼果經過一個多月，終於長大到可以套袋的大小了，我們本來想像第一期一樣，夫妻倆慢慢套袋，但第二期的楊桃果實量實在很多，只好找了零工幫忙。

第一次，我們找到兩個媽媽來套袋。來了幾天，只套完十分之一的楊桃樹，就告知我們有事無法再來，我追問，她們也不說何時能再來。

沒人套袋，楊桃就會被花姬捲葉蛾幼蟲叮掉。

我們四處打聽原因，才知道她們嫌楊桃園沒噴藥又茂密，有很多蟲，蟲多讓她們發癢，所以不做了！

我無可奈何，只好再透過介紹，找了四個年紀大一些的農民來幫工。這四人之中，有一位過去曾經受原地主長期聘雇，管理這片楊桃園已很多年，經驗豐富。她提醒不能光套袋而不疏果，否則養分會分散掉，於是我在前方疏果，他們在後方套袋，如此走了幾天，終於每株楊桃樹上第一波可套袋的小果都巡完了。

但是，先前疏果的速度趕不上他們套袋的速度，還有很多幼果仍在樹上，接著就是我徹底疏果的工作。兩百四十株樹，每株楊桃樹要疏果好幾百個，光一個人就可以做上整整三十天！

疏果這麼費時，我請教附近的果農原因，有的說是我沒做好八、九月的剪枝動作，留下太多雜亂的枝；有的說我們沒給肥料，樹要求生存就拚命開花；有的說今年是暖冬又閏七月，花本來就開得多；有的說本來楊桃樹就很會長果實，花多就要先疏掉。眾說紛紜，只能當參考，我還是得自己作主找答案。我告訴自己明年一定要找到方向，否則要花很多時間在疏果上。

楊桃樹滿滿的白色套袋，每株樹平均約套袋一百到一百五十個，東北季風一起，套袋就像是一面白色的大風箏。但強風一來會把細細的果蒂搖斷，散落土地。

據鄰近也是種楊桃的伯母說，她以前第一次幫楊桃套袋沒經驗，曾經在幾天大風後，套袋掉滿地，像一大片白色地毯。

我們沒用藥，果實只要大一些，楊桃的香味就會引來東方果實蠅叮咬，因此要早點套袋，但此時果蒂仍細軟，只好想辦法讓套袋綁在枝條上以抵抗強風，要不然掉光了等於白做工。

這一季下來，我們才知道：剪枝量多怕傷到樹，剪枝量少怕果太多；沒開花前怕不開花，開花了怕蜜蜂不授粉；授粉了怕授粉不全造成歪果；果多擔心套不完；不疏果怕套袋的楊桃會長不大；疏果自己做會太慢；果套好怕大風讓它掉下；果熟了怕太多鳥吃……

作了四個月的農夫，我們現在才慢慢體會農夫的辛酸與擔憂，但是也不能天天擔心，那些是老天爺要做的事，我們無能為力，只能盡力做自己該做的事！

2006年11月，初次收成的楊桃

在家吃飯

在家吃飯，本來是很平常的生活，也是最正常而健康的家庭生活，雖然變化少，但自有平凡而淡的好滋味。只是很多現代人已無法擁有這樣的家庭生活。

住家的斜對面有一家西式早餐店，每天早上六點起，無分平日與假日，早餐店前總是停著腳踏車、機車與汽車，下車的村民紛紛在這裡買三明治、蛋餅、鐵板麵等早餐，人人外帶一塑膠杯飲料，再提著一個塑膠袋匆匆而去。

人去人來，直到八點才稀稀落落。偶爾我在窗外看看是哪些客人，有年輕農民、老農民、有加油站上班的小姐、國中生、小學生……形形色色的村民川流來去。

讀國小五年級的女兒告訴我，全班十五人，只有大約五、六個人會在家吃早餐，大約三分之二的同學不在家吃早餐。街上有一家知名的早餐老店，每天經過可以看到許多客人出入，也是一樣老中青幼都有。

我們住在離台東市三十分鐘車程遠的鄉村，鄉裡百分之七十以務農為業，在這樣偏遠的東部鄉村，竟有這麼多人不在家吃早餐。而且不只早餐，有些家庭整天都買自助餐便當吃。難怪街上唯一的自助餐店，晚上依然有生意。

我家盡量自己做飯，早餐也自己做，一週裡只有一天假日允許小孩去對面買早餐，晚餐幾乎都在家吃，午餐除了農忙外，也大都在田裡的工寮做飯。

我們全家一起圍坐吃飯，小孩談學校事、父母談家裡事、全家閒聊，只有這時候，全家有機會坐下來互動，這就是生活的教育。

過去的我在新竹科學園區上班，經常在公司待到晚上九點以後，幾乎不知道家人是如何度過晚上的，也不是很清楚小孩在學校的事，我在全家成長的生命中缺席了。

早餐通常都是太太約六點早起準備，自家的地瓜，搭配「秀明自然農

法」或有機的白飯，以及一或兩種自家的燙青菜，再加上一種自家或鄰近「秀明自然農法」的水果。小朋友偶爾表示厭倦經常如此吃，但吃久也習慣了。

每天傍晚，太太比我早從園裡回家，準備三菜一湯（盡量是自家蔬菜、市場買的豆類、海帶等），往往只有一種肉食或全部是素食。家務事要全家分工，於是早中晚洗碗、收拾廚房就是我的工作，飯後小朋友要各自掃地、擦地板；天天如此，生活自有規律，小孩也在規律的生活中學習成長，學習自律。

在家吃飯，對小孩的身體健康好多了，不會在外食中無意間吃進不少殘毒、殘留荷爾蒙、過多的人工添加物、過多的鹽、糖與調味料。

在家吃飯，本來是很平常的生活，也是最正常而健康的家庭生活，雖然變化少，但自有平凡而淡的好滋味。只是很多現代人已無法擁有這樣的家庭生活，經常是在外解決，也許忙吧？也許累吧？總之有各種理由讓現代人犧牲在家吃飯的時間，不管都市或鄉村，這樣的人愈來愈多。

有一本小書《誰搬走了我的乳酪》，故事中的老鼠不停地找乳酪，盲、茫與忙充斥在老鼠的生活中；現代人又何嘗不是如此，拚命忙，整天繞圈子想找乳酪，以為有了很多的乳酪就是幸福，卻不知只是在迴圈中打轉，在迷宮中繞圈，永遠也找不到出口。

辛苦賺錢所為而來？不過就是圖幸福快樂，但為了要得到更多而整天忙、整天沒時間好好吃頓飯、沒時間全家在一起、沒時間運動、沒時間認識更多世界；或許有時不是沒時間，而是提不起勁，因為精力已被想賺更多錢的慾望消耗掉。

就像小孩白天上課已很疲累，晚上還要上課，腦裡吸收的無法消化又要再吸收，結果晚上不得已要晚睡，又要早起，白天更累，更無法集中精神，只好靠補習，這是惡性循環的生活。

就像住市區卻要買新車，表面是為了全家出遊的快樂，但是為了買車只好努力賺錢還貸款，買了車就要花稅金、停車費、保險費、保養費，就會想假日常出遊，但是經常出遊只是愈來愈累，花更多時間停車、開車、塞車。車輛新，擔心被偷；車輛舊，又要賺錢換新車，這又是另一個惡性循環的生活。

父母拚命賺錢想累積更多財富，為小孩教育、事業等未來幸福作準備，但若賺更多錢須更加破壞環境，將來小孩長大，要如何住在到處是污染、氣候變化加劇的環境呢？將來石化能源減少，甚至耗盡，小孩長大就算有了父母留的錢，該如何像我們這一代一樣過日子？

從在家吃飯這件事，看到現代生活的重點全錯亂了，不過，時代潮流如此，有多少人願意發揮自己的智慧而不隨波逐流呢？也許這就是考驗了！

兒子的小玩意，探索與成長

有一天我回家，竟然看到兒子跛著腳，原來他不小心從和同學搭建的兩公尺高的樹屋上摔了下來……

我們家兩個小孩個性迥異，姊姊嚴謹規律，愛看書、不愛戶外活動、見到陌生朋友會害羞內向；弟弟野性奔放，愛運動、喜歡戶外活動、很快就能與新朋友打成一片，卻還不知道新朋友的名字。我們觀察小孩與農作物的成長，發覺有些類似，而**陪伴孩子成長也成為我們生活的樂趣**。

兒子讀二年級時，每週四下午下課後，都會到同學家玩。兩個小朋友在後院的小森林旁，在同學家長的簡單指導下，用石頭與泥塊搭炕窯，他們每週做一點，已經一個月過去了，還沒完工，兩個小朋友天真的說：「做好炕窯後，大家就可以一起來炕窯野餐了。」當然，這夢想直到三年級了都還沒實現，不過兒子始終覺得玩泥巴很棒！

田裡有些蓋工寮牆面剩下的木片，我拿來訂成書架，那時只有一年級的兒子看得手癢癢，也想做點小東西，我雖然擔心這有點危險，但還是放手讓他嘗試，於是教他如何用板鋸鋸木片、鐵鎚敲釘子、畫線、砂紙磨邊。

兒子學會後，大膽的馬上埋頭苦幹，果然沒多久，他的手上就被釘出一點小傷，兒子卻說沒關係，繼續完成他手上的兩個小玩意：劍與盾、坦克車。

有一天，在院子的泥地上，兒子挖起小水坑，又夯實，又抹平，做成平滑漂亮的圓形小坑，原來兒子想要做生態池，於是我教他水坑要如何防漏水，他就急著找出塑膠布鋪上，再放石頭圍堆在水池邊，還請我帶他去找水生植物，並放了附近水池撈到的孔雀魚與水草。生態池維持好一陣子，直到塑膠布破了，兒子的興趣改變了，也沒去修生態池。

樂高積木是來台東後唯一買的玩具，兒子點子多，常做出奇特的積木器物，從直升機、戰船、摩托車等，愈來愈複雜，原本不太會玩積木的同學也被兒子影響變成很會玩。

每當我從田裡回來，兒子就跑過來展示他的新作品，看著兒子和同學快

兒子揹起來訪的朋友女兒在楊桃園裡

樂的在家裡玩，我也覺得很高興。

在鄉下，沒幫孩子們安排課輔、安親班、補習，因為只想讓兒子自由自在的自我探索與成長，找出自己的方向。

果然，兒子的興趣隨著年紀漸大也漸漸改變。迷家裡的積木一陣子後，改成經常去這位同學家玩，在後院的大樹上蓋起了樹屋。

我沒去看，但聽兒子說明，原來他們用木板、樹幹與紙箱等等東釘西湊而成，樹屋離地面約兩公尺多高，有屋頂、梯子、運物升降滑輪、鞦韆，裡面藏有食物。每到假日，若我們全家要出去，兒子總是很失望，因為他就不能去樹屋玩了。

有一天我回家，竟然看到兒子跛著腳，原來他不小心從樹屋上摔了下來，落地時，腳踩到石頭而扭傷腳掌。但兒子與同學當時都很冷靜，雖然腳很痛，同學還是用腳踏車將兒子載了回來。經過大約兩星期的休養，腳傷一好，兒子又迫不及待要去樹屋玩，看來這遊戲還能持續好一陣子。

隨著兒子的自行車換大一號，他在村莊裡探索的腳步也愈來愈遠。

某個假日午後，我帶他與另兩位同學，在五百公頃廣大的村莊裡騎自行車，當我們騎到離家南邊一公里外的公墓旁、西邊的稀疏住戶地帶時，兒子脫口說出他們早就來過這裡，我才知道，原來他根本不管必須讓父母知道他要去村莊何處的要求，早就自己去探險了！

我心裡有點生氣，但轉念一想，**我不就是希望兒子藉著遊玩，來培養獨立冒險的個性嗎？**他只是在我們給的環境裡自然的變成這樣！

某天兒子下課後，到田裡工寮寫作業，我們夫妻倆正忙著採楊桃，沒空陪他，好出怪點子的兒子，一如往常一樣，總會自得其樂，這次竟然拿包裝楊桃的保麗龍蔬果網套來玩耍，兒子將網套套在臉與腳上，自稱為假面騎士。

兒子耍寶的模樣實在是逗得我們夫妻倆又好氣又好笑。

我的兒子就是這樣可愛。童年不必急著長大，就像農作物不必施人為肥料加速長大，該來的就會來，該學會的就會學會，只要給予適當的協助與提醒，他會自己學習。

或許，將來兒子不一定擁有多高的學歷、讀多好的學校，或有一份多高薪的工作，可是至少他所做的事，是經過自由成長、自我追尋後，所肯定的事，這才是人生最重要的課題。

兒子在院子挖水坑

鄉下國中入學的選擇思考

自從我們搬來村裡，就有關心的鄰居、家長問我們小孩未來國中要讀哪裡，我們總是很自然的說：「就是鄉內國中啊！」但總有人擔心的說：「鄉內的國中教學不佳，學生沒有競爭力，最好不要讓小孩去讀。」

我們剛搬來台東時，女兒才剛升小學四年級，現在她已六年級，女兒的同學們紛紛討論起父母要他們讀哪所國中。

眾所周知，每個縣市都有所謂升學率高的明星國中，成績好的學生聚集一堂，學生素質較整齊，競爭激烈，自然有更好的學業成績；各縣市也有私立國中，雖然也有不錯的升學率，但總聽說學生是被嚴厲管教才如此。台東的明星公立國中每年都有四五個成績足以上全國第一、二志願高中的學生，當然如願考上台東第一志願台東女中與台東高中的學生更是以數十計，雖然這樣的學業成績無法與西部都會的明星國中媲美，但在台東，已令多數國中望塵莫及。

住家二十分鐘車程外是北邊鄰近的大鎮，人口較多，原住民學生比例較少，所以那裡的國中考上台東第一志願的總人數不少，於是這所國中也吸引一些本鄉的小學畢業生坐火車通勤就讀。學生人數每年級將近四班，是鄉內主要國中的兩倍。

而鄉內的主要國中就在我家所住村莊的村頭，畢業生多來自鄉內鄰近幾村的三個小學，穿插由鄰近原住民部落跨區而來就讀的原住民學生，佔班級人數約三分之一左右。

這所國中不大，一個年級只有兩班，每班只有二十八人左右，這兩三年畢業生能考上台東女中或台東高中的學生大約八人，佔當年畢業生人數的百分之十四。雖然總人數與明星國中相比少很多，但算比率也相去不遠。即使如此，這幾年鄉內各國小畢業前三名的學生幾乎都外流，很少留鄉就讀。

自從我們搬來村裡，就有關心的鄰居、家長問我們小孩未來國中要讀哪裡，我們總是很自然的說：「就是鄉內國中啊！」但總有人擔心的說：「鄉內的國中教學不佳，學生沒有競爭力，最好不要讓小孩去讀。」

我私下問認識的該國中老師，卻認為該校學生淳樸，沒有如都會區學生有嚴重的不良行為；每天來回經過街上，看到該國中學生在街上的舉止，也覺得沒有問題。儘管如此，學區內依然有很多家長沒有信心，原因就是升學率不夠高。

我問女兒，她班上同學對未來國中的去向。在十五位畢業生中，有一人到市區的明星國中就讀，兩人到鄰近大鎮的國中，一人到市郊的國中，一人到私立中學，只有九人留在鄉內讀國中，算算留在本鄉的比例只有六成。學業成績一向不錯的女兒尚未決定。我讓她自己作主，但也讓她知道不用考慮昂貴的私立中學，以及現在遷戶籍地已太慢的明星國中。我幫女兒分析選擇不同學校的各種優缺點，但最後仍交由她自行決定。

女兒面對自己的未來猶豫不決。起初，斬釘截鐵說當然是讀鄉內國中，不久又改弦易轍說要讀私立中學，甚至自己盤算著也許她可以打工賺取昂貴的學費，再過一陣子後，她又改口考慮鄰近大鎮的國中，這樣反覆多次，果不其然，最後又回到原點，想就讀鄉內國中。我知道女兒在乎同儕的決定，也盼望在陌生的國中生涯能有熟稔的小學同學相伴，所以從現在到入學決定截止前還有時間，也許又會再改變吧！

太太一向崇尚自然簡單，當然選擇教學正常的鄉內國中。我考慮很多，畢竟女兒的成績為班級之首，萬一決定錯了，將影響她未來有更好成就的機會；經過一陣子釐清，我還是與太太站在相同陣線，我們建議女兒留鄉就讀國中！

鄉內的國中教學正常，不偏重學業成績，有活躍的社團時間，對青少年人生的發展較全面；學校人數少，師生互動密切；目前的老師都年輕且認真；女兒讀書一向自律，若就讀不到一公里遠的國中，每天都有較多自己的時間與家人相處，或做她想做的事。對女兒而言，有童年友伴一路互伴讀書、成長，應該比較不孤單；何況鄉內國中女籃隊曾拿過全國比賽第八名，也許仍喜愛籃球的女兒有機會加入。

我回想自己的國中階段，那時我就讀台北縣近郊的國中，那所國中遠比女兒考慮的鄉內國中升學率更低，雖然當年我沒有考上高中名校來加持，卻也順利繼續升學技職學校並就業，這樣的成長經驗讓我不擔心兒女在鄉下的升學。

多年的生活經驗告訴我，**升學不是唯一，當然升學不是不重要，但只要有一定程度，就算不是頂尖學校，將來仍舊有許多機會。**

而除了課業，也許生活常規、冒險精神、毅力、豐富生活、自發學習的意願更為重要。如果在國中階段就過度重視智育、激化競爭，那只會提早扼殺青少年對生活的探索，訓練出一群無自我追尋意志的平凡人。

我曾在科學園區帶領過團隊，發現某些工程師，雖出自名校，但工作上少有創見，只能依循保守。除了上班，對生活缺乏熱情，更遑論對社會的參與。

另外也**有更多的上班族，或許因高學歷且有好工作而生活優渥，但內心卻極不快樂，因為從來沒有勇氣去做自己想做的事。不想孩子將來成為保守的人，更不希望孩子長大後仍不知道自己要的是什麼，我希望他們對生活抱持熱情，對社會抱持更多的想法與行動。**

但是否兒女都能朝著父母希望的方向成長？應該很難吧！兒女成長就像果樹成長，不是父母或農夫能隨意控制的，但就讀教學正常又離家近的鄉內國中，應該有比較多的機會吧！就像選擇無農藥無肥料栽培的農法，也只是想讓果樹有更多正常成長的機會而已！

村裡如我家一樣，帶著求學階段的小孩，由北部都會移民來的家庭有四個，另外三個全都自然的安排小孩讀鄉內國中，看在關心這些新移民，卻又對鄉內國中不信任的村民眼裡，這是奇怪的選擇。矛盾的是，都會來的新移民對鄉內國中有信心，反而長居於此的部分村民沒信心！也許走過極盛才會落盡繁華，厭倦都會才會喜歡鄉下，受過升學競爭的壓力，才會希望下一代正常的走過青少年。

來到台東，作了農夫，遠離過去中產階級的生活圈，我有很多機會認識所謂社會下階層的朋友，也許吃檳榔、抽菸，也許外表如天天曝曬在烈日下的我般黝黑，衣著隨便、腳踩拖鞋，不知道都市流行的精緻藝術，沒看過文哲書籍、更不知道iPhone、Google等流行科技。但是有些人在言談行止間，流露出的生活智慧與道德意識，卻讓我非常佩服，談話也許質樸無文，但是簡單有力、真誠無偽。比起這些朋友的真實、有活力，有些富商名流外在裝闊扮奢、氣質尊貴、談吐優雅，但背地裡卻豪奪公司資產、官商勾結、用盡心機，這些貪得無厭的嘴臉反而更令人憎惡。

參與農事的童年

如果社會的主流價值評斷一個人，是只看財富、頭銜、學歷、出身、名校，那麼類似村裡國中就讀的選擇矛盾將會持續下去，偏遠地區的國中小也會面臨學生愈來愈少的窘困，甚至最後被主管單位廢校的命運。

大者恆大、弱肉強食，這些發生在商業界的競爭行為，也發生在城鄉國中間。社會主流思想愈來愈只注意到「大」，只讚美「大」的高效率與報酬，卻忽視「小」與「弱」所扮演的社會穩定力量。

我們雖然不認同，卻也無法扭轉主流思想，只能做自己能決定的事，希望女兒就讀鄉內國中就是我們思考後的選擇。

籃球隊加強訓練的成長

想不到，這些小女生豁出去拚了，竟與這兩隊糾纏許久。兩場比賽的比分在前三節都緊咬著對手不放，讓對手很緊張。

一年前，因國小六年級女兒的請求，我當了一年的女籃隊義務教練。我只會打還可以的籃球，卻從沒教過籃球，幸而第一年的經驗不錯，小朋友練球很快樂，我也教得很起勁。

第二年起，女兒與班上共五個女籃隊主力一起畢業了，剩下的學妹湊不齊起碼的五人，本想就沒辦法教了吧！想不到她們自動自發又找了幾個四、五年級學妹加入，最後總共有八位球員。學校四五六年級女生也沒幾個人，沒想到就有四成女學生想學籃球，我只好繼續陪她們。

我建議讓男生一起練習，人多練球才好，也可以讓升上三年級想練球的兒子一起參與。就這樣，這年總共有十七個孩子一起練習籃球。

新的一年，我準備了比過去更完整的進度表，從頭教起運球、傳球、上籃、投籃，在每週三的三點半開始指導練習兩小時。在籃球隊長的帶領下，孩子約提前一小時到，他們先熱身、跑操場，再練習上籃、罰球練習等。

但新球員太多，沒有半點根基，練球又不專心，常常邊練邊聊天，我只好擺出教練的架子，要求他們專心，但效果總是不彰。小孩子練球怕累，只喜歡玩三對三的鬥牛，對於辛苦的防守與耗體力的練習總是哀哀叫，他們草率應付了事，於是雖然已經過幾個月了，仍然只是輕強度的練習。

至於女孩子，有一半已經練習過一學年了，會彼此砥礪，努力練習，很快地，基本動作較純熟，罰球也終於看到準頭。但是男孩子只是第一年練習，動作不差，但練習也較散漫。果然，男女分組，全場練習比賽，男孩子被女孩子痛宰。

全縣籃球比賽在一月上旬進行，雖然我們已練習了四個月，但仍不敢讓練習不夠的男生參加比賽，我擔心他們會被痛宰到沒有信心，於是只帶了女籃隊去比賽，順便帶兩個男生去觀摩。

全縣比賽有實力堅強的兩所傳統的女籃強隊，也是一向的冠亞軍，我們

傳球練習

這些新舊生雜陳的女籃隊員基本動作不如人、練習時間也不如人，應該沒什麼贏面。

想不到，這些小女生放鬆心情、豁出去拚了，竟與這兩隊糾纏許久，兩場比賽的比分在前三節都緊咬著對手不放，讓對手很緊張，但我們體能不如人，總是在第四節時氣力放盡，防守腳步跟不上對方，所以就在第四節輸掉比賽。

最後我們只能爭第三名，去年我們也是第三名，所以小女孩都很有信心會贏。果然一路領先，到第三節結束仍領先達五分，大家都覺得贏定了，但最後一節豬羊變色，體力不佳的弱點被對手看出，對方一路快攻猛打，一節就被得了十比二的分數，結果最終我們以三分落敗。

我這個教練喊叫得聲音都啞了，就是無法下場代替她們已經疲軟的雙腿。

輸球的小女生很難過，一句話也不吭。我順著她們，沒回學校上最後一堂課，想讓她們先舒緩鬱卒的心情。

起初她們坐在二樓看台上，無聲的看著冠亞軍戰，過了一陣子，淡忘剛才的挫折，漸漸地又大聲的幫比賽加油。

大家心情好多了，我問大家，知道為什麼會輸嗎？都說體能不夠，所以

第三名之爭，兩隊十人竟全部擠在禁區搶球

全縣比賽前的熱身

才會輸在第四節，於是我順水推舟，問下學期是否要加強體能訓練。這些小女生很好強，肯定的說要。

下學期練球的進度表因此全盤調整，強度增加許多，不再是社團性質的練習，而是更像球隊的練習。比如上籃要全場跑三十分鐘不停，投籃要一次投七十個以上等，總之對體力要求更多。

沒想到不管男生或女生，大家都變了，明明累得半死、氣喘如牛，竟然還說全場飛奔上籃很好玩。看來他們都感受到加強練習才能進步，體能增強才有穩定的基本動作，也才有機會在五月底的地區比賽贏球，這也是畢業前的最後一役了。

我一向以為年輕的一代是所謂的草莓族，禁不起嚴格訓練，看來我錯了，辛苦之後的成長所帶來的快樂，是每一代的年輕人都能感受到的，也都願意為這種快樂付出流汗的代價。

每次非練球時間我到學校，總是被走廊上碰見的孩子「教練好」、「教練好」的叫著，這是多麼溫馨的招呼啊！

為了教籃球，在每週三下午，必須中斷繁多的農事，農事工作安排也多了限制，但看到孩子的身手愈來愈好，很快樂的練球，我也感受到這段時光共處的快樂，這是值得的。

為了下一代，多做一點義務的事，比起賺更多錢，這才是真正的人生滿足！

鄉下教育小孩隨筆

有一次，兒子陪我種幾株樹，我指著一棵已種下的小樹苗說：「這株是櫸木。」沒想到，兒子竟然糾正我，他說：「這是光蠟樹，你自己種的怎麼忘了？」

只要是關心小孩的家長，不分都會與鄉村，大部分的父母期望子女成龍成鳳，從小就盡量給孩子更多的學習，希望他們能打穩根基，以便未來有競爭力。

在都會區的雙薪家庭中，家境富裕的學生下課後到才藝班，家庭中上的學生到安親班，很少看見學生下課後閒逛。我們這個農業鄉，有MPM數學教室、英語教室、律動舞蹈教室，麻雀雖小，五臟俱全，雖然百分之七十的居民以農為生，仍有不少關心教育的家長讓子女參加補習，也有小孩到距離二十五公里遠的台東參加英語補習班。

不管在都會區或鄉下，若父母與師長沒有思考過教育的本質，總是會期望孩子們有更多的學習。**但我們搬到鄉下，希望子女全面發展，希望孩子們知足快樂、自尊自重、愛護自然、互助合作、願意分享、有觀察與判斷力、有良知與品德。我們的期望這樣多，卻都是補習班無法教的，更不是強迫更多的學習所能給予的，**我們只能用「秀明自然農法」種植作物般的原則教育小孩，給他們充分的信心與愛，為他們盡到基本的照顧與監督，以及建立好的成長環境，接著就靠他們自己的能力與成長意願了。

比起都會區，鄉村多的是自在與熱絡的人情味，雖然少了一些課外教育的資源，尤其是音樂與藝術方面的刺激，但這方面的不足，仍可以靠我們的用心與營造。

分享一些我們在鄉下教育小孩的細節：

限制孩子們每天只能看半小時的電視或電腦，請他們選擇要看電視或使用電腦，因為兩者只能擇其一，而除非是作業需要，才能要求延長電腦使用時間。孩子們一開始會抱怨，後來也習慣了，而且他們學會不在網路上亂逛，女兒會趕快寫好她的部落格或用即時通聊天，兒子則把握每分鐘玩電腦遊戲。

除非孩子們自己有興趣，否則我們不會主動安排他們去才藝班，而即使他們要去學習才藝，也不會讓他們在同一個階段學習兩種。

女兒讀幼稚園大班時，曾經在新竹團體班學琴。每天學嚴格的指法，沒多久，她就沒有學習意願，沒想到讀五年級時，竟然主動表態想學鋼琴，雖然學琴所費不貲，對只有微薄收入的農家是負擔，但我們還是尊重女兒的意願，讓她去學琴。

果然，**自己想學與被安排是不一樣的，女兒學琴後，每天自動自發用電子鋼琴練習，洋溢著快樂的琴聲總是在晚餐後，不斷地在我們家裡迴盪**，即使上了國中，課業繁忙，女兒還是不忘彈琴，抒發她的感情。

至於兒子，一年級時，上了一學期的繪畫班，不喜歡繪畫班教導的制式兒童繪畫風格，所以後來沒學；之後想學陶藝，我們打聽到鄰近有個排灣族原住民陶藝家，願意教小孩做陶，所以兒子在那裡玩了一年多的陶藝，做了很多簡單的作品，直到需要學習更多技巧，就讀三年級的兒子或許因為年紀還小，覺得困難就先停止了。

現在兒子提到想學吉他，我們承諾等到他讀四年級以後就可以學，現在沒有任何才藝課的他，有不少自由自在的時光，與同學在村莊裡四處探索。

兒子幫爸爸爬樹摘楊桃

全家每天一起吃早餐、晚餐。早餐時趕上學，通常沒時間說太多話，不過全家在一起的感覺很溫馨；至於晚餐，就是全家熱絡的說話時間，夫妻倆覺得這種熱絡的家庭所帶來的溫暖，一定會帶給孩子們正面的影響。

每週日的下午，若沒有其他的事，孩子們要到園裡幫忙兩三個小時。兩個孩子在園裡幫忙時，一開始，我們要求他們認真做，他們有點排斥，後來我們檢討反省，我和太太之間也彼此提醒，帶**孩子們在園裡工作時，要讓孩子們感受園裡的美、學習觀察植物與其他生物，以及感受勞動的快樂。**

有一次，兒子陪我種幾株樹，我指著一棵已種下的小樹苗說：「這株是櫸木。」沒想到，兒子竟然糾正我，他說：「這是光蠟樹，你自己種的怎麼忘了？」

又有一次，兒子將田裡發現的新娘花移植到工寮旁，用小手種下新娘花苗。接著因上學沒去園裡的兒子，會問我有沒有幫新娘花澆水，兒子關心他種的作物，這一點讓我很高興。

除此之外，週日下午我們也偶爾會全家去拜訪其他地方的農友，園裡也經常有人來拜訪或當義工多日，孩子們因而有不少機會接觸陌生人，雖然他們總是靦腆害羞，但從旁觀察大人之間的互動，應該有助於他們的應對進退，這當然也是教育的一環！

偶爾我們一家回到台北看家人，在接觸熱鬧繁華的都會幾天後，再回到單純恬靜的鄉村，兩種世界巨大的反差對比，也會激起孩子們內心的比較與思考。

有一回，兒子在台北堂哥家玩了幾天，回來對我們說：「台北真好，我長大一定要到台北。」過了一陣子，我們全家去西部拜訪其他農友，在那幾天的旅途奔波後，兒子又說：「還是我們家裡最好玩了，長大以後要留在台東！」兒子在城市與鄉村的糾結下，難免有這樣的反覆變化，要等到他大一些，才能思考這樣的人生課題吧！但至少與在都市長大的孩子相比，我們的孩子多了不同的生活體驗，這一點可以幫助他們開闊視野。

每一星期，固定一天晚上由我教英語。我、兒子與女兒，三個人坐在床上，背靠著牆，在寒冷的冬天，三個人的腳丫會伸在暖暖的棉被裡，然後由兩個孩子挑選全是英文的短篇圖畫故事書，我先用英語唸一遍故事，再用中文講解一遍，接著由女兒一句一句自己唸出來，我最後再解釋一些單字與片語。

三個人斷斷續續持續了兩年多，看得出來女兒有興趣，英語發音進步很多，也在不知不覺中認識一些單字。倒是苦了年紀小的兒子，平常早睡早起的他，總在姊姊唸英文時，就昏昏欲睡，不支臥倒。

其實我並不是在乎這樣能學習多少英語，只是想創造一個多多接觸英語發音的環境，這也是難得的親子團聚時光。

除此之外，太太也陪在低年級的兒子旁邊，指導他課後作業，解答他的相關疑問，而我則盡量在晚上睡覺前，說床邊故事給仍然喜歡黏著我們的兒子聽。

在孩子們的生活教育上，我們全家每個人飯後都要做家事，而且隨著

年紀每多一歲，就要多擔負一件家事。三年多來，孩子們包辦的家事已從掃地、擦地板，到煮晚餐、洗馬桶、倒垃圾等等。有一次，為了臨時趕出兩百多個手工皂的訂單，我們全家做完家事後，一起包裝手工皂。

每一個手工皂的包裝上都要貼上名稱貼紙，但不小心就貼歪，趁機做機會教育，告訴兩個孩子，每一塊貼紙都要貼正，因為貼歪就是對客人的不尊

女兒幫媽媽做楊桃酵素

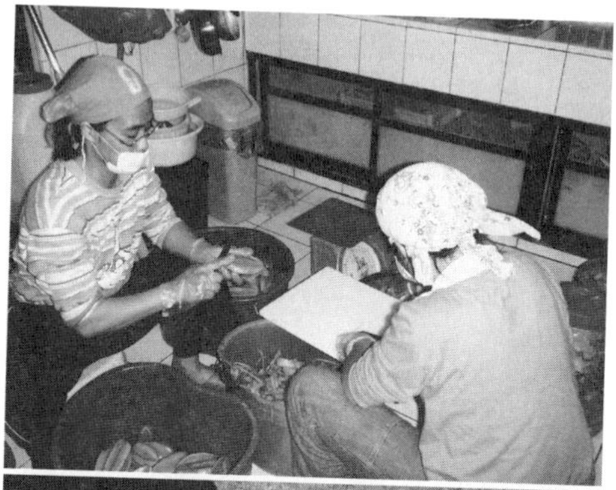

兒子陪爸爸做粉碎樹枝工作

重，這是我們希望傳達給孩子們的認真工作的態度。

時光飛快，從新竹搬到台東也三年多了，孩子們愈來愈大，看著他們愈來愈懂事，心裡也很高興，雖然偶爾還是會任性、粗心、懶散、吵架，但大致是朝著好的軌道前進。

以女兒為例，愈大愈懂事。在國小六年級的校外教學時，我們給她錢買零食，她會認真的說：「我去隔壁的小雜貨店買好了，因為那裡有十元一瓶的保特瓶飲料，而7-11的保特瓶飲料至少都要二十元。」女兒雖然沒有環保到忍住不買零食，但至少會懂得精打細算了。我看長得很快的女兒沒多久褲管又太短，露出一截襪子，想幫她買新長褲，她總是會說：「不用啦，我現在的褲子還可以穿呀！」

很快地，女兒就會到叛逆的國二了，兒子也快進入國小高年級，未來與我們在一起的時間將愈來愈少，總有一天，他們會振翅高飛，離家而去。

希望我們在農業的投入能給他們關於人生的示範，孩子們也能在這段期間打好人格的基礎，最重要的是，珍惜現在全家在一起的鄉村生活。

農忙抽空參觀女兒國中的運動會

兒子史前博物館的學習

兒子對地球強烈的氣候變化很有興趣，他忍不住問我：「我長大後，會不會遇到下一次冰河期？」

常有人問我：「會不會擔心小孩在鄉下的教育？」他們的意思大概是說：「鄉下小孩競爭少，同儕素質可能較低，所以小孩的學習強度會不足。」

我不知道舉家搬遷來台東的決定，對仍在基礎教育的兩個小孩，將來是對或錯，只是這階段，我相信這樣的生活應該對他們更好。教育、農耕都是一樣，沒有多大的目標或多堂皇的理念，就只是相信沒錯就盡力去做。小孩在鄉村較自由，也比較有完整的環境，會發展出比較健全的身心，而不是只偏重智育。

兒子最近主動提起：「想去史前文化博物館參觀！」搬來台東兩年半，自家與學校前後至少去了史前文化博物館四次，最近一次去是一年前。或許是兒子長大一點了，突然間，他又對這些考古展示有興趣，我也很好奇已二年級的他會想看什麼。於是，我們暫停一次假日的全家工作去參觀。

史前文化博物館是我喜歡的博物館，常態展示分幾大類：台灣之自然史（地質、動植物）、史前文化（由舊石器時代、新石器時代到鐵器時代）、南島文化（台灣的幾個原住民族群）、人與猿猴、考古……雖然受限於展示面積無法很深入各個主題，但展示完整、生動，內容與氣氛都很好，台東縣民只要五十元的門票更是值得，我們每次都參觀近四小時才離開，對一個小孩而言，四小時很長，短暫的注意力與有限的記憶，只能集中精神選擇參觀。兒子對太多文字的展示沒興趣，只喜歡考古實物展示、電腦互動展示、看影片等。參觀之後，我請他分享最有印象的事：

石頭、陶器與玉作的史前器物

舊石器時代的人類，常用細繩紋裝飾做出杯、碗、杓、罐等陶器，雖不細膩精緻，卻都很實用且具美感。剛好兒子每週六下午在學陶，玩過杯、碟、碗等，有器物的樣子與樸拙的手工，因為做過陶器，看著這些史前人類作的陶器，兒子就了解不容易做出來！

史前人類還用各種石頭（板岩、沙岩等），做成斧頭、魚墜、魚鉤、箭簇等，兒子邊看邊稱讚做得很棒，原來兒子曾與來農場的友人小孩，玩田裡撿到的大石頭，幾個小男生敲敲打打，像史前人類嘗試敲裂石頭後的各種可能形狀，所以有經驗能判斷博物館的石器展示很特別！

蘭嶼的獨木舟製作

蘭嶼的獨木舟有大有小，要由很多達悟族人一起施工，從山上砍樹、取材、修出形狀、搬運，不同的樹種做成舟上不同的部位，不用半根鐵釘，就可以拼接出一艘能在海浪中航行的小舟，並搭配美麗的雕刻圖案與鮮豔色彩。

兒子坐在地上看這段製舟的紀錄片，再比對現場展示的獨木舟，對達悟族人造舟的本事嘖嘖稱奇，也很羨慕。喜歡玩木工的他，很想有機會能自己做一條船（他還想去住家對面的原住民部落學習用木頭蓋房子），只是不知道是否能有這種機會了。

木乃伊

在考古學的展示中，有一段影片介紹木乃伊如何製作、怎麼包衣物，為何棺材外面有死者之畫像等。兒子很好奇真人竟然可以做成木乃伊，故作天真問我：「我也可以被做成木乃伊嗎？」

猿猴與人

迴廊展示猿猴與人生理上的差異，幾十萬年前的南猿人（如露西），尼安德塔人等的複製人骨架，有的還模擬出肌肉與皮膚，還有一些發現過程的影片，兒子對這段很有興趣，回家後現學現賣，考了我問題：「為什麼猴子不像人會講話？」這答案有點難：「因為猴子沒有發展出可以說話的大腦結構（註：皮質層）！」

左鎮的哺乳動物化石

這一區有德氏水牛各種部位的骨頭化石、劍齒象擬真品等展示，想不到四面環海的台灣，曾經有如大象般巨大的哺乳類動物。原來在上一次冰河時期，這些哺乳類動物由中國大陸出發，走過露出的台灣海峽海棚陸地而來，與現今海上風光比較，真是滄海桑田啊！地球變化很大，一直會有變化劇烈的氣溫，我們現在剛好是在間冰期的溫暖氣候，才能孕育如此多樣的生命。

兒子對這樣的氣候變化很有興趣，忍不住問我：「我長大後，會不會遇到下一次冰河期？」

兒子週末的兩個早上都在院子草堆裡挖陷阱，先撥出泥土，挖出一個堅固的洞，上面再以樹枝做成叉形，最後鋪上乾樹枝葉遮掩，我問他做陷阱要幹什麼。兒子竟然說：「想用來抓家裡的小貓『喵喵』與小狗『可可』！」（還保證不會弄傷牠們，我覺得很好笑，因為竟然要抓自家的貓狗！）

也許對大人有點無聊的陷阱，對小孩來說，也是一種自發的學習呢！

給小孩寬裕的合理自由，他就會發展出有趣的創造力，大人拚命填塞自以為對小孩好的才藝與智育，也許養成一個循規蹈矩的上班族，但卻可能扼殺了一個自由且具創造力的心靈。

教育的本質就是激發學習意願，而不是強灌知識給他；我相信，在這樣的鄉村環境與老師、父母的引導下，小孩自己會走出一條路！

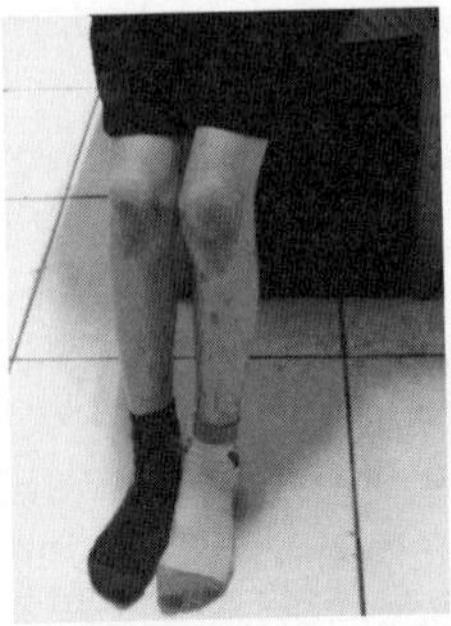

穿不一樣花色（各剩一只）的襪子上學

女兒精采的國中生活

經過一學期的上課，女兒果如其然，沒通過第一次的全民英檢。

國小畢業時，女兒忐忑不安，擔心不知如何適應陌生的國中生活，想不到開學編班，三分之一的同學是國小同班的同學，一顆懸吊半空的心就放下了。

女兒的國中生活似乎沒有她想像中可怕，每天都有很多學校的趣事，回家後在晚餐時喋喋不休的向我們述說不停。

除了原來的國小同學，還多了畢業自其他國小的朋友，女兒的生活圈更大了。女兒偶爾在假日會找幾個同學來讀書、閒聊，或相約騎單車去附近玩、去圖書館借書……國中的課業對女兒來說輕鬆以對，從來不用我們擔心，她會自己設定連我們都覺得嚴格的滿分高標，幸好偶爾失誤，她也能豁達的淡然以對。

女兒在家時只花一點時間在課業，多半還是聽流行音樂、彈鋼琴、讀小說。愛讀書的女兒從九把刀、橘子、宮部美幸、阿嘉莎克莉絲蒂等一路讀完，每週都花費很多時間讀不少書，原本讓我有點擔心是否過度沈迷，但轉念一想，至少她喜歡文學，也喜歡寫，就隨她去吧！而且我們對她的要求，如準時十點睡覺、準時起床、做家事、一天只能有三十分鐘看電視或玩電腦、假日幫忙一點農事，她也都做到了。

女兒的國中老師大都年輕有活力、認真教學，也能與同學打成一片。我們常聽到當學藝股長的女兒提起，去老師辦公室時，會去ㄠ老師，分些點心，或者與老師攀談。在聯絡簿裡，也常看到她和女導師之間如同閒聊的文字對話。當年的我課業成績也不錯，但卻躲老師遠遠的，所以女兒能如此親近老師讓我很高興。

學校努力申請到全台灣只有少數偏遠國中被核准的外籍英文老師，是一位親切又美麗的年輕女老師，很平易近人，讓學生更加樂於親近。女兒從不太敢開口說英語，到現在同學與老師的對話，女兒都可以用破破的英語幫忙居中翻譯，說英語的膽子大多了。可惜只有一年的經費補助，這位外籍老師也許明年就必須要離開了。

鄉裡有個熱心公益的度假村老闆，中年事業有成，捐給兒時的故鄉三百萬元，分成三年給鄉內國中辦理全民英檢的課外教學。女兒通過學校初試，從一開始不情願地在週六、假日去上課，到現在很喜歡上課，這是因為英檢老師教得很生動，也很用心（老師的孩子與兒子是同班同學），所以激發他們對學習英語的興趣。經過一學期的上課，女兒果如其然，沒通過第一次的全民英檢（通過代表具有國中畢業之英語水準）。

國一上學期才開始上英檢的課，沒通過本來是正常的，但是女兒自覺進步很多，願意投入更多時間，主動向我要求講文法的書本看，背英語字根、字首，讀《大家說英語》，還挑戰英文版的《哈利波特》（因為她看過中文版十多遍，早已記熟故事），最近更主動抱著一疊國中三年全部的英文單字背誦，因為她已答應老師，訂立下次英檢要通過的目標。

對身為父母的我們來說，是否通過英檢不重要，女兒能自動自發學習才是我們所樂見的。

女兒的國中雖小又在偏鄉，但教學很正常。一個多學期來，我們聽女兒分享的活動還真不少，有運動會、班際籃球賽、兩天一夜的校外露營、五公里越野賽跑、社團活動等。學校不會只偏重課業，而是全面完整的教學，讓我們很謝謝這些好老師的用心！

害羞的女兒與同學也愈來愈熟了，下學期起，更常聽到有同學來互相請教課業，她也成了家裡來電最多的。放學總是和同學並肩騎車回來，也常在途中的國小母校暫停，和同學打一、二十分鐘的籃球，或和母校的老師閒聊。

女兒上國中後，開始常談到未來的方向，因為她的課業還不錯，有時夢想考上全台灣的第一志願。我請她不要給自己壓力，只要盡力就好。過一陣子，又把目標改成高雄女中，再來又提到台南女中。

我總是告訴她，就留在台東讀高中吧！離家近，才能有家人的照顧與溫暖，也才能專心讀書，將來讀大學不一定要考上明星學校，最重要的是她能找出自己真正的興趣、發現自己的潛力。

女兒進入國中後，沒有出現明顯的反叛期，身為父母的我們感到很欣慰，但因為孩子更獨立了，也愈來愈不需要父母的陪伴與指導，倒是讓我們有點進入空巢期的感傷，但這不就是父母教育小孩所希望的獨立自主嗎？

所以儘管知道有一天她會更獨立、更有自我主張，也必定會離家而去，將來未必能留在台東工作，但為人父母的我們還是會懷著愛，看著她一天天長大，一路分享她的成長、喜悅與挫折！

女兒早上與同學一起騎車上學，被開車的我偷拍

女兒包楊桃的心聲

除草真的很無聊，我們要一直蹲著，如果不小心連菜也一起除掉了，還要自掏腰包賠一株！但是除了這麼久的草，我也學會了一些小花招。

女兒的親筆心聲：

自從我們家開始從事農業，已經有一段時間了。

每個星期日，爸媽都會「逼」我們去田裡幫忙，做一些較簡單的工作，例如除草、篩土、育苗等等。唯獨寒假不一樣，寒假時，不管是誰、什麼時間都一律到田裡幫忙，因為那時正值楊桃採收的時候。

說到楊桃，我對它真是又愛又恨啊！愛，在於它讓我們家有錢賺，能夠過日子；恨，則在於它使我幾乎沒有寒假可言，大部分時間都在工作。但也因為這種又愛又恨的心理，當我包楊桃時，雖然累，卻不會煩。

包楊桃其實一點也不難，只要小心不要摔到楊桃就ok了，可是楊桃的套袋裡有時會有一些噁心的蟲，袋子本身也很髒，所以每當我在拆套袋的時候，心情是五味雜陳的。

俗話說：「一回生，兩回熟。」我也是一樣，剛開始包楊桃時，動作不太熟練，慢得像烏龜走路一樣。但漸漸的，也變成兔子跑步，沒有太多的停頓。包楊桃也不再是一種累人的工作，而是輕鬆的差事。

除了包楊桃，平日則大多是除草，但是我討厭除草，因為又熱又累、蚊子又多。每次一聽到要除草，心情就立刻down到谷底。所以我總是「請」媽媽讓我育苗、篩土、挑種子等可以待在屋子裡，又可以輕鬆的坐著的工作。

挑種子，是我最喜歡的工作之一，它可以慢慢挑，也可以快快挑。而我是屬於慢慢挑的，這樣可以多消磨一點時間，（每星期只要做兩小時就好了！）弟弟就跟我相反，他都挑得很快，不僅把種子弄得亂七八糟，還遺漏一堆（不過這樣我就可以幫他挑剩下的，時間就可以浪費更多！），還可以一邊看書一邊挑，不過那樣比較麻煩就是了，所以說啦，挑種子真是簡單又好玩的工作啊！

除草真的很無聊，我們要一直蹲著，如果不小心連菜也一起除掉了，

邊工作邊聊天、邊說笑，愈做就愈快

包楊桃累了，出來和弟弟以竹子鬥劍提神

還要自掏腰包賠一株！但是除了這麼久的草，我也學會了一些小花招，就是「慢慢除」！因為弟弟作農比較認真，也做得比較快，往往我才除完一行，他就除完一行半了，所以我就可以少做一點。

幫忙煮午飯也是我喜歡的工作。我不用在烈日下流著滿頭大汗，只要在廚房吹著涼風，一邊「試吃」美味的食物，一邊讓我的廚藝變得更好，輕輕鬆鬆、簡簡單單就一下子達到兩小時的工作量了，真的是超好賺的！

雖然有這些「還算不錯」的工作，可是我還是不喜歡到田裡，其他像我這樣年紀的人最喜歡的就是假日，但我卻不然。都是因為假日要去田裡的關係，害我喪失了假日的期待感及喜悅感。如果星期天下午突然有事不能去，則是我最開心的事，原本沈重的心情也會瞬間變得暢快，「這星期不用去田裡」是我生活中的一大期望。

當然，若是沒有這塊田，我也不可能擁有現在生活中的一切了，所以我還是很感謝它。

宅急便車上有很多我家的楊桃包裝紙箱，那都是全家努力的成果

因為豐食，所以不喜歡過年

從台東趕回台北過年，發現有愈來愈多的現代人，特別是城市居民，為了方便，也較不勞累，選擇預訂餐廳的外賣年菜。據說，一個除夕營業日該餐廳可賣掉上百套年菜。

小時候有壓歲錢可拿，所以我喜歡過年；作了農夫後，卻不是很喜歡過年，當然還是珍惜全家聚在一起的難得時光，只是不喜歡過年期間吃下過多又過雜的食物。

對珍惜農作物的農夫而言，這樣的豐食似乎對食物不太尊重。何況過年期間勞動量驟減，又大吃大喝，違反「一日不作，一日不食」的原則。

從台東趕回台北過年，發現有愈來愈多的現代人，特別是城市居民，為了方便，也較不勞累，選擇預訂餐廳的外賣年菜。家人住處附近，某餐廳在除夕近團圓飯時門庭若市，令人驚訝。據說，一個除夕營業日該餐廳可賣掉上百套年菜。

整套外帶年菜有十大盤，裝滿豐盛菜餚，從龍蝦冷盤、涼拌拼盤、紅蟳米糕、佛跳牆、清蒸魚、人參雞湯等……可謂山珍海味。但我想，與家人一起準備的年菜相比，這樣的便利外帶年菜總少了一份感動！

很多事少了過程，只有結果，就不再令人感動！過年最重要的是全家相聚，而不僅是飽食的滿足。

漸漸的，過年少了過程的感動，桌上的食材多了奢侈。滿滿一桌菜，再加上許多調味料、不忌口的零食，幾天下來，全身負擔重，精神難清爽。這些食物中，蔬菜以慣行農法種植，肉類多半是集約養殖，吃太多更令人擔心。

如果，人人經常像過年這樣吃，喜酒、尾牙、聚餐、端午、中秋、聖誕節、情人節等特殊日子，都吃得像過年一樣，那世界上的蔬果食物，全部用「秀明自然農法」無農藥無肥料栽培一定無法應付。食物太多就不會珍惜，慣行農法以工業化種植的大量低價食物，更易造成輕忽浪費的心態。

懂得節制飲食的人，在「吃」這件事，除了知道挑選純淨自然方法種植的作物外，更要懂得「知足」的飲食心態。不求食物量多而精美，但求簡單而真實；不求飽足但求知足。

對我而言，知道食物不施肥的種植取之不易，能有蔬果長出就宛如神示之奇蹟、上天之恩賜。面對食物，我們該珍惜的品嘗，即使一小口也快樂，而不是在乎豐盛的飽足！

對轉作農夫的我而言，農家最好的過年，是全家一起相聚、一起採菜、一起料理、一起準備、一起用餐。讓參與的家人，透過食物去感覺人與土地的關係，透過準備的過程去感受家人共處的快樂！

拔自家種的白蘿蔔

卷二

我們的樂活幸福

自己設計的工寮

設計圖一畫完，透過前地主介紹能蓋鐵皮屋的鐵工師傅就來了，他是農莊所在部落的阿美族大哥。

結果開始動工後，才發現他根本看不懂我的設計圖。

在九十五年十一月，田裡的工寮已開始興建大約一個月了。我們期待這裡不再只是工作的農地，也是休息、接待義工與農耕的生活重心，這將是另一個階段的開始。

我們的工寮分兩間，小的約四坪，大的約十五坪。買地時原本就有小的工寮，但只有屋頂，我們為它加了鐵皮牆面與水泥地板，用來放紙箱、農機、農具與雜物等，算是工具房。

大的工寮是全新的，有一個大廳，預計用來整理與包裝水果、午餐休息、接待義工用，還有半戶外的浴室、廁所與廚房。

雖然是工寮，但我們還是想要整合自然、美感與通風節能，又不想花太多錢，問了有經驗的師傅後，我們放棄造價昂貴又需定期保養的木屋，放棄易吸熱又耗時的鋼筋水泥，最後選擇簡單又便宜的鐵皮屋。

一般人聽到鐵皮屋就覺得醜陋，但住鄉下後才了解鐵皮屋又快、又便宜、又耐震，是收入不寬裕的農民負擔得起的結構。了解這種實用素樸的生活態度後，我開始發現常見的鐵皮屋也有的常民文化質感。

一位建築師朋友分享鐵皮屋的傑出設計：得到二〇〇二年普立茲克建築大獎的澳洲建築師Glenn Murcat，在澳洲鄉下蓋了很多簡單卻有美感的鐵皮屋，雖然以鐵皮屋的便宜材料為設計主體，但利用傑出的外觀、比例、材質、空間設計、特殊的結構，依然為鐵皮屋創造特殊的美。我深受啟發，也想讓鐵皮屋大工寮不流俗。

想要獨特！卻又沒錢請專業建築設計師，我只好自己做這有趣的設計鐵皮屋工作！

憑著自己的機械專業與製圖能力，我用電腦繪圖軟體，畫了大工寮的外觀設計圖，三個立面方向且帶尺寸、材質等細節。

設計圖一畫完，透過前地主介紹能蓋鐵皮屋的鐵工師傅就來了，他是農莊所在部落的阿美族大哥。結果開始動工後，才發現他根本看不懂設計圖，通常是做一段問一段，最後設計圖是畫給我自己看。

我家的鐵皮屋是C型鋼、鐵皮浪板、磚牆與實木板的組合，因為不只是單純的鐵皮屋，有不同材料的組合與收邊，許多美感與細節都沒想清楚，所以我常被問到不知如何是好。

這位阿美族師傅一個月從未休假，他認真的趕工。我則在旁邊一邊種菜，一邊想細節，他就邊接招邊想辦法。

一個月下來，大工寮主體竟然快完成了；至於水電部分，剩下的自來水管就全部自己動手拉，一根根水管、一個個水龍頭全部自己來；因為電氣配線有點危險與難度，只好找水電師傅做。

這棟工寮兼具各種風格，儘管當初自己腦裡想像的外觀，與完成的實體差距很大，我這建築門外漢只是蓋個小鐵皮屋，就覺得整合這些工程細節很困難。建築真是專業的工作！

工寮完成了，我很喜歡完成的外觀與室內空間，畢竟是自己獨力想像設計出來，我也很滿意全開窗的通風與明亮。

小孩才不管工寮好看、通風及涼爽與否，只指明一定要有鞦韆；太太則

兒子開心地盪鞦韆

想可以在一百八十度環繞的青山中包裝楊桃或小憩；我呢？最希望有一個地方沖洗乾淨後才回家。

工寮雖然不是住家，卻也傳達了我們田園生活的最初想望。

除草之後

不知為何，割完草的我心裡就像做錯事的小孩，不太敢面對這片舒服的草地。

楊桃園的野草又茂密到高過腰部，令人不太敢走進去，怕草中藏著蛇或蟲等令人不舒服的生物，已到了該割草的時候。

因體能仍不足，每天只能背著九公斤重的割草機不超過三小時，我花了幾天時間割完後沒多久，又出現如地毯般一大片低矮整齊的草地。

除草本就是農夫應該做的事，有很多果園用除草劑，果樹下寸草不生，只見黃土，沒有一絲生命力；我則留了一整片草地，既能保持土壤溼度、維持土壤溫度，也能保護珍貴的表土不在豪雨下流失，更留下生物生長的空間，這樣做已很好，但是不知為何，割完草的我心裡就像做錯事的小孩，不太敢面對這片舒服的草地。

楊桃樹下的野草，在一年前剛接手照顧時只有幾種，數量最多的是原地主刻意種的兩耳草，原地主每一兩個月就坐割草車幾乎貼地除草，所以草相以會匍匐生長的兩耳草為主，其他以開花傳播的草種還來不及開花結籽就被割除了。

我期待草相愈多樣愈好，讓不同生物都有不同的野草作為其生長空間，於是減少割草頻率，改成約三個月一次，更不使用因車重易壓實土壤，但輕鬆方便的割草車。

果然照顧一年後，草相多樣性增加，一些新的野草出現了，如大花咸豐草、昭和草、苦苣等等，其中大花咸豐草已四處擴散，常常割完草才兩個月，向陽處的大花咸豐草就已高及胸口，並已開花結籽，準備繁衍生命。

但是有些新的野草長得慢，還沒開花結籽就到了要割草的時候了，雖然我會刻意避開它，但因戴著保護臉部的黑網面罩，看不清楚外面細微處，割草機的尼龍繩刀片速度快，常常一不小心就掃過野草柔弱的莖部，花朵斷掉，無法再傳播生命，自己心裡就有做錯事的感受。

要不是因為照顧果樹作物的需要，它本該可以順利生長的！割草就會損傷生物的多樣性，而多樣性是我希望能兼顧的農地狀態，但若都不割野草，楊桃園內會愈來愈難走，也愈來愈不通風而影響楊桃樹生長，農事總是無法十全十美。

就算我以如此頻率割草，楊桃園仍有近一個月的時間被高大野草覆蓋，其他農夫或參觀者總覺得：這個農夫有點懶！但對其他割草更少的自然農法農夫而言，我好像又太頻繁割草了。

從零到一百分、從積極到放任、從機械操作到藝術思維，農事存在著不同程度的施作空間，難怪前輩說：「自然農法是有思想的行動。」每個自然農法農夫要根據自己的田間觀察、作物特性、農地環境與微氣候等，經過思考才能產生行動準則。

但野草可不管農夫多麼會思考！只要飛來新的種子能適應這環境，它就想定居下來，就算這次農夫在開花時除掉了花朵，只剩短短莖部，野草還是會展現強大的生命力，再長側莖、伸長了再開花，總之它就是住定了！

雖然野草生存的意志如此堅強，但是我傷害了它的事實仍不會改變。就算是不施肥、不用藥的「秀明自然農法」，還是與真正的自然有點違背。

但身為農夫，最重要的責任就是照顧好農作物與土地，在尊重自然的原則下，提供原本風味的農作物養育人類。至於能做到如何豐富的生物多樣性、如何的自然環境，就只能盡其在我，並仰之無愧了！

肥綠菜蟲部隊

——自然農法與人生的思考

有人發出疑問：種菜不用農藥？當然會有蟲囉！

漂亮的皺葉萵苣

第一年務農時，蔬菜區裡有幾種秋冬季的十字花科蔬菜，如結球白菜、芥菜、大頭菜，初期生長得不錯，無肥料栽培能長出翠綠的葉片，才一個半月竟已長到近三十公分高，更特別的是不用農藥、無網室或紗網等設施保護，竟沒有愛吃十字花科作物的紋白蝶幼蟲侵襲，讓我們很雀躍！

然而，快樂維持不了多久，我們從雲端跌入地下，原本鮮綠完好的蔬菜葉片，開始變成處處破洞的網球拍。

仔細一看，原來有許多不到半公分長的小菜蟲在葉片上。菜蟲就是紋白蝶的幼蟲，就像你我小時候曾飼養過的蠶寶寶，嫩綠肥胖的菜蟲一直埋頭啃葉子，二齡以上的菜蟲很會吃，一下子就把一片葉子啃個精光。

這些菜蟲怎麼無聲無息的突然就出現？從哪裡來的？猜想是紋白蝶在葉背產下許多蟲卵，蟲卵等待數天才孵化。剛開始的一齡幼蟲像根細細的黑線，不仔細看，根本看不到，再蛻皮到易被看到的二齡幼蟲需要時間，所以塑造出蔬菜生長初期順利的假象。

有人發出疑問：種菜不用農藥？當然會有蟲囉！我們以「秀明自然農法」耕作，不用各種農藥與生物防治，面對這樣的質疑，無法在言語上辯駁，只能埋首土地，繼續耕種，直到種出能說服別人的成果。

儘管還沒看到自己的成果，但**我們心裡相信**，

葉片開始被菜蟲吃

已被過去耕種方法破壞的土壤需要時間調整淨化，更有生命力的蔬菜種子也需要一代代採集並繁殖，幾代下來，這些原本已適種的蔬菜，就更能適應這裡的土壤與氣候，也適應無農藥無肥料栽培的管理方法。

植物逐漸發揮本性，就能健康的生長，不怕病蟲害。但這些蔬菜才第一次被種在剛轉型的土壤上，生命力仍不夠強健，對眼前的肥綠菜蟲部隊就沒什麼辦法了。

身為種植的農夫，只能做好該做的農事管理，然後幫這些蔬菜植物祈福，希望能延續其生命到可以採種。所以當前什麼也不能做，如果忍不住心裡的壓力，用了化學或植物性農藥，先前的堅持就前功盡棄，土壤的毒化又加深，淨化的時間將更加遙遠。

「秀明自然農法」不只是方法，更是一種信仰，不只是來自宗教的信仰，而是對大自然敬畏的信仰。只有信仰能讓我們接受菜蟲存在，只有信仰能讓我們相信不用肥料，不用農藥也能種植。

《聖經》故事中，摩西帶領猶太人出埃及，要回到應許之地時，前方被紅海阻隔，出於信仰，讓許多人不顧埃及追兵在後的危險，願意繼續跟隨摩西，終於等到紅海分開，跨海回到故鄉。

我們也相信繼續堅持，這幾種蔬菜幾代之後就能長得更好；相同的道理應用在照顧身體上，我家除了牙科與眼科外，盡量不去看醫生。我們夫妻帶著小孩，堅持近八年，沒吃進一顆藥。

大多數醫生只開藥治標，無法告訴你如何從飲食與精神治本，尤其是感冒等小病，吃藥只是容易干擾人體的自身療癒能力罷了！

推動「秀明自然農法」的日本神慈秀明會中，有許多信徒家庭，祖孫三代從出生起至今都沒吃過藥，但是，這樣的堅持在小病時不算什麼，遭逢重病時就是考驗。要有堅定的信仰——人有自身能力改善自己，並願意向神祈禱與潔淨靈魂才做得到。

最近，面對同住台東的父親智能的退化，我們心裡掙扎許久，最後放棄不吃藥的堅持，帶他去看醫生，也吃了藥。

不是不想堅持，而是因為我們承擔不起任何風險，也不知該如何面對住在台北的親友？如何向他們說明我的想法？父親不是我的，我也要考

虎豆種子的傳承

慮家人的想法。

經過父親這件事讓我思考，面對經濟作物的害蟲，一般農民有經濟上的壓力，也有養育家人的責任，經不起整季作物的損失，也不確信有更好的農耕方法，所以只好選擇噴農藥。

我開始體諒這些使用慣行農法的農民，推動「秀明自然農法」也要有這樣的同理心，而不是怪農民亂用農藥；試著從農民面對的困境中找出方向再來協助，才有機會讓他們改變。

面對小孩教育時也一樣，現在的父母都怕小孩輸在起跑點，拚命要小孩上課補習或上才藝班。這些**非出於自願的學習**，**就是一種教育的農藥**，**只是扼殺小孩自我學習與探索的樂趣**，然而父母承擔不起特立獨行的人群壓力，也不相信小孩的自主學習能力，所以用了教育的農藥。

順應自然的農業，順應自然的身體，順應自然的教育，人生各個面向都是一樣的思考。

綠色隧道

第一次剪枝，我們頭部抬向上，雙手也朝上，不斷扳動修枝剪，再彎腰將樹枝搬到旁邊的凹溝，才剪枝八棵楊桃樹，就已手痠、脖子痠。

二〇〇六年八月，買下這片楊桃園後，兩年半來，我們就像職場新手一樣，犯過很多錯誤，也不斷的從錯誤中學習，終於累積一些照顧楊桃樹的經驗，但是做得愈久，心中待解的疑問也愈多，漸漸發現農業永遠也學不完。

我們家這片楊桃園有多大？六分多地，大約一千九百坪。以兩夫妻組成的小農家庭，並且用無肥料無農藥的「秀明自然農法」耕作，這片果園蠻大的。

早在買入的前半年（一月），我們就知道這片楊桃園待售，但當時不敢買，因為不知該如何照顧這麼多楊桃樹。一直到七月，有緣去日本參觀「秀明自然農法」農家，被純淨的農耕與專心致志的日本農夫感動，回台灣兩週後，下定決心買下這片楊桃園。

起初楊桃樹共兩百四十棵（註：後來被疏伐成一百九十棵，以幫助通風與日照），有十排，每排二十二至二十五棵楊桃樹不等，每棵樹間距五至六公尺。從這頭望去，楊桃樹的繁茂樹葉與枝條，形成數個近一百二十公尺長的綠色隧道，如果要巡完每棵楊桃樹，就要走這綠色隧道至少十次，也就是1.2公里，我們把它當成農夫的每日輕鬆散步！

我們很幸運，當初買下這片楊桃園時，原地主已申請有機認證近兩年（註：後來我們中止認證），土地沒有太多的農藥污染；但我們也不幸運，後來聽日本「秀明自然農法」前輩提起，有機果樹轉成無肥料栽培的果樹，比起慣行農法果樹會更辛苦適應。

無論幸與不幸，楊桃園已是我們生命共同體的事實不會改變，我們只能，也一定要細心照顧。

在買下這些楊桃樹時，樹的根部直徑已將近四十公分粗，算是活力旺盛的青年，仍保持強勁的生命力。經原地主農夫教導，我們才知道照顧楊桃的農事還真不少：

剪枝：一年兩至三次，每棵楊桃樹都有長得很快的徒長枝等枝條要修剪。

割草：夏天每個月一次，冬天就長一點。

抓天牛幼蟲：五月到九月，天牛幼蟲會啃食樹幹的基部，所以得將天牛幼蟲用刀子挖出，這段期間幾乎每個月就要巡一次。

綁枝條：一年一至兩次，把過高的枝條拉彎成接近水平，這樣套袋或採收才好作業。

套袋：一年一至兩次，把剛長大的楊桃幼果用紙袋套起，以保護楊桃果實不被東方果實蠅與蛾類幼蟲叮咬。

疏果：一年一至兩次，把一棵楊桃樹上有瑕疵或過多的幼果摘掉，以免分散養分。

收成：一年一至兩次，採果與包裝。

銷售。

清園：把園裡剪下的枝條清走，以免滋生損害楊桃的蟲。

因為我們採用「秀明自然農法」，無農藥無肥料栽培，對楊桃樹的成長會有不一樣的影響，所以對原地主的指導，不能照單全收，必須要自己仔細觀察。

以野草管理而言，原地主使用草坪專用的割草車除草，速度快且保持貼地的草地，但割草車重量不輕，容易壓實必須保持鬆軟透氣的土壤，讓楊桃樹樹根生長受影響；而且割完後野草幾乎貼著地面，土壤暴露，在夏天豪雨時，易讓珍貴的表土沖刷流失，**所以我們不用割草車，改用背負式割草機，雖然耗時耗力，但能保持園裡有較長的野草。諸如此類，每項管理工作都須重新思考，佐以長期的生長觀察，重新建立自己的經驗。**

這些農事管理動作，用文字帶過只是輕鬆幾個字，但想像每個照顧楊桃樹的細部動作，都得在一兩週內重複兩百四十次，這樣的工作量就滿可觀的。

我們所做的第一項農事工作是剪枝，原來應該四月就得做的事，因為原主人忙於主要的茶樹作物，所以我們接手之八月才開始。

第一次剪枝，我們頭部抬向上，雙手也朝上，不斷扳動修枝剪，再彎腰將樹枝搬到旁邊的凹溝，才剪枝八棵楊桃樹，就已手痠、脖子痠。

八月的酷熱，雖在樹蔭下也全身流汗。身上沾滿掉落的小樹葉，黑色的花蜂在枝梢與耳邊飛舞，不到兩小時就要休息。

剪枝到第三天，才漸漸習慣這種勞動，也能做得久一點，到後來，修完一棵樹的時間就更快了，但兩百四十棵的楊桃樹真的很多，夫妻倆整天忙，整整剪了近一星期才做完。

剪枝彷彿扮演著神的角色，隨意決定枝條的生死，當然楊桃樹還是活得好好的，只是許多徒長枝（徒長枝是一根直直長長的新枝條，長勢直衝上天）、朝內長的、兩根平行的、老化的、弱小的枝條，都要被剪或鋸掉。

我邊做邊想，覺得這些枝條宛如國中階段的青少年，正是思想萌芽的青春期，凡異於社會規範與要求的行為，就被打壓與去除，久而久之，飛揚的青春少年，變成屈服於權威與單一價值的乖乖牌。

就像楊桃樹只能照農夫要的方式成長，要不然農夫會擔心果實不大、不夠多，擔心經濟收入受影響。思慮及此，我們剪枝的手就遲疑，開始想：楊桃樹的枝條想告訴我什麼？枝條長成這樣是要找陽光？楊桃樹的枝條這麼多，為何這幾根枝條長成這樣？

才第一年，我們不敢不照原地主教的方式做；但是心裡盤算，也許第二年要試一些楊桃樹，讓它照自然方式生長，只做除草、套袋與收成，讓楊桃樹盡量自然生長！看看是否它會長成如某人壽企業標誌的大樹模樣？試看看在大自然的照顧下，人類會有幾成的收成可餵養自己？

剪枝，不過是接手楊桃園的第一個農事工作，就有愈做愈多的問題產生，我也找了幾本專業果樹栽培書籍參考。

如果作農夫是一份新工作，看來還有很多大自然的觀察與理論要學習。我的人生還有許多年，將要慢慢品嘗楊桃園裡各種農事甘甜苦辣的滋味！

我家蔬菜力量大

我家的菜至少種了四到五週才採收，這樣的成長速度在我們看來是正常，對別人卻是牛步。

搬來台東鄉下後，太太開始在自家院子種菜，經過幾個月的墾荒、播種與成長，終於開始在晚餐能吃到至少一道自家種植的蔬菜。

五點採菜，六點端上餐桌，全家吃得既新鮮又滿足。後來買農地，有了更大的土地可以種出更多的菜。

幫忙建造工寮的原住民告訴我，他以前是蔬菜產銷班成員，種小白菜只要七天就可以採收，其他菜也是兩週就採收，遠快於正常成長的速度。

他們的方法是：葉菜播種後就全面淹水至整個田畦溼透，小苗一長出就先灑藥，殺蟲藥藥效消退就再灑，化肥在整地就放入成為基礎肥料，小苗長出再追肥，目標是讓土地利用的週轉率提高，愈快採收愈賺錢。

至於這樣重肥重藥又不夠大的葉菜，也許有偏高的農藥殘留、過多硝酸鹽等副作用，就賣給包括營區副食站等單位。

相較之下，我家的菜至少種了四到五週，這樣的成長速度在我們看來是正常，對別人卻是牛步；不管如何，耕耘就有收穫，我們家陸續有青江菜、芥菜、菠菜與結球白菜（還沒結球，因播種太密而疏下的植株）等出現在餐桌上了。

自家的蔬菜吃起來口感就是不太一樣。

我問最愛吃青江菜的兒子：「家裡種的菜與市場買的菜，吃起來有何不同？」

兒子的回答很天真：「都很好吃，但家裡的菜比較脆，也比較嫩。」

我和太太則覺得家裡的菜有一股濃厚的香味，應該是接近草的香氣，口感也很好，因為沒灑任何肥料，而且都是已育種多代的種子，習慣靠自己的力量成長，也因沒有外加肥料的氣味混雜，所以有原本的蔬菜味道。

但從小比較習慣肉食的女兒，卻不太喜歡吃自家的青江菜，大概也是不習慣這味道吧！可能很多人也有相同的感覺，因為菜市場、超市與大賣場的

家裡「牛步般」長大的蔬菜

蔬菜，都添加很多肥料使其快速成長，因而失去了充滿礦物質於組織內的那種香味。習慣了那樣的味道，當吃到真正的味道時就可能不適應。

有一本感人的書《桃樹輓歌》，內容敘述一個日裔的美國農民，執著種植祖先所留下的桃樹，那是古老的品種且具有特殊風味的桃子，但是市場上流行的卻是選種改良過的漂亮桃子，儘管古老品種的桃子好吃，但最後只能無奈的認輸，因為很多消費者不愛吃古老品種桃子。

我們希望自己作農，不會因堅持理想而走入相同的結局。但不管如何，當下每天能吃到自家種植的蔬菜真令人感動。

想起慈禧太后的野史，據說慈禧太后平常吃的滿漢大餐，御廚不敢用新鮮食材，以免太后喜歡後，一天到晚指示要吃，御廚一時間找不到新鮮農作物就慘了。當八國聯軍入侵時，慈禧太后等王公倉促避難，剛好到了一戶農家，農家主人無山珍海味招待，只有白飯與菠菜炒豆腐，結果餓了一天的太后，狼吞虎嚥把菜全吃光。

太后心滿意足的問太監這是什麼菜，太監看著翠綠的菠菜有著紅紅的根，加上白白的豆腐，靈機一動掰了「紅嘴鸚哥鑲白玉」。回到北京城，慈禧太后要御廚再做「紅嘴鸚哥鑲白玉」，御廚卻是不敢再做出那樣新鮮的菜了！

我家比慈禧太后幸福，雖沒有滿漢大餐，卻可以經常吃新鮮的「紅嘴鸚哥」。

生活中，最簡單的就是最有力量，我家的蔬菜最有力量。

酷熱乾旱下的低潮

我不能像一般農夫，噴藥輕鬆殺死天牛幼蟲，只能拿小刀將牠從樹幹內挖出。

儘管務農一年多了，還是沒有老農夫的毅力與耐力，務農的心情有明顯高低潮。高潮時，神采奕奕，做農事非常起勁，一天能做很多事；低潮時，無精打采，太累的事就不想做。

前幾天的低潮，強烈到事過境遷自己都覺得丟臉。

這個夏天，氣溫動不動就是三十六度，遠超過鄰居阿姨、阿伯口中談及的過去夏日高溫。

酷暑難當，不過早上七點半，陽光就像利刃，讓蹲下整理菜園時的後背刺燙得受不了，不敢再露出整個背部被陽光逮個正著，只能盡量做可以站著的工作。

九點過後，高溫的空氣像凝固的熱氣久久不散，受不住了，只好打退堂鼓回府；下午三點半，蟄伏陰涼的屋中許久，鼓起勇氣到戶外開始工作，但實在還很熱啊！終於四點半氣溫宜人，到七點天暗前，這是一天中最舒適的時段，但懶了大半天，身體像生鏽般難以伸展，只好勉強自己澆澆水，其他事就不想碰了。

身體懶洋洋，心裡又擔心已明顯可見的乾旱愈來愈嚴重，兩者交乘讓自己無一事想做。

不敢除長高的野草，怕酷熱下，草短會讓土壤水分加速蒸發；不敢種植新的作物，怕缺水乾涸而死；楊桃樹的花剛被蜜蜂授粉，但果實仍小，未到套袋時機；工寮四周的美化工作不急；田裡的大小石頭不想撿……總之，就是打不起精神。

好幾天，我幫蔬菜澆完水就想離開，即便澆水也只敢用小水管澆少許水，因為園裡蓄水池的水已低至只有七十公分深，不敢隨便浪費水，把僅剩的用完。

酷熱下，有點全身乏力、心灰意冷、求助無門的感覺！

楊桃樹幹的天牛幼蟲咬痕

恰好看到報紙的地方新聞說，今年池上地區的雨量只有往年三分之一，可灌溉水量更只有十分之一，再不下雨，知名的池上米二期稻作就有許多要被迫休耕。

事態愈來愈嚴重，家庭用的自來水也開始白天停水！再不下雨，過一陣子恐怕人要與作物搶水！

我去找幾個熟悉的農民請教到底怎麼回事。才知道這是三十多年來不曾見的乾旱，我們這帶的分區限時供水灌溉已開始，八天才能輪到一天，且水圳供水量也比平常少，若農夫種植面積大，要分區灌溉，那每一區分到的水量僅僅只能供農作物保命，只求作物不要缺水達到臨界點（Stress Point）而一命嗚呼，不敢奢求讓作物喝飽，有能力生長。附近有水井的茶農告知，茶園裡水井不深，淺層地下水的出水量也變很少了。

原來如此！農耕的罕見危機已至，我這個菜鳥卻還渾然不知，只是無所事事、陷入低潮，浪費許多解決危機的時光。

儘管有了警覺，一時間卻仍打不起勁！於是騎機車到全村四處看看，巡察鄰近幾條主要的灌溉水圳，果然連主圳的流水量也變少。

知名的高台，過去曾經是有名的茶葉產區，這幾年因地勢高、水量不足，已減少不少茶園，然而僅剩幾個茶園的茶樹，已有明顯的乾枯，呈現咖啡色。據茶農說，山上的井開始打不到水，灌溉水更無法拉到這高處，再不下雨，茶樹將死掉三分之一。

高台上正在辦一年一度的大型觀光活動，暑假人潮不少，遊客看到高高飛翔天空的飛行傘，都露出興奮快樂的表情，大概不會有人注意到茶樹的乾枯異樣。

乾旱，好像只有少數農民憂心；沒有農夫的世界，依然毫無警覺的持續運轉。

繞一圈村裡，我終於有警醒振奮的感覺，開始很想工作。回到園裡，心裡下定決心，一定要熬過這次大乾旱，保住園裡的所有作物。

心裡做了計畫：所有已挖好仍持續漏水的水池，就先鋪上塑膠布，以備幾天後這區的分區供水開始後，可以全部用來蓄水；楊桃園原先水管只有鑽洞以澆水，水量不均勻，也趕緊裝「香菇噴頭」以節省用水量；趁晚上自來水供應，要一桶一桶提，澆去年冬天種下的數十棵小樹苗；下次灌溉水來，更要像個真正的農夫，即使澆灌到半夜，也要看住進水口，以免被經常可見的雜物堵住，讓水無法流入蓄水池。

又有精神了，趕快去巡楊桃樹，發現上百株楊桃樹，竟然有近一半被天牛幼蟲危害，幼蟲啃食樹幹內部輸送水與養分的形成層，據說嚴重時，樹幹尚細的小樹會死掉。

雖說我們的楊桃樹樹幹已夠粗大，但這麼高的危害比例遠超過預料，去年全區才僅僅幾株被咬。是不放肥料讓樹勢變弱？還是天氣乾旱讓天牛大發生？這種緊急時刻，我已經沒空找出答案了。

我不能像一般農夫，噴藥輕鬆殺死天牛幼蟲，只能拿小刀將牠從樹幹內挖出。

乾旱危機、天牛危害，我的工作低潮就在乾旱壓力下自動遠離，再度鼓起精神去面對農夫的本分。

新的一天開始了，加油吧！

農地上的交響樂團指揮

農夫不能只將農作物視為商品，將土地視為工廠，沒感情的利用一塊土地，添加許多不安全、不自然的外來物質，種出自己都不太敢吃的農作物來換取金錢。

幾個月未剪草，楊桃園的野草已及胸高，修剪完後宛如低矮草坪，幾種容易攀爬包覆楊桃樹的蔓生植物一覽無遺：赫赫有名的「綠癌」小花蔓澤蘭、顏色鮮豔的輪瓜、可當菜吃的山苦瓜、俗稱川七的洋落葵、豆科的葛藤等。

多數農夫自然想除掉這些蔓生植物，以免果樹被包住或樹頭被覆蓋，影響通風與日照而造成果樹衰亡。

我則是選擇性的除草，除了強勢的小花蔓澤蘭一定除乾淨、爬得不慢的雞屎藤與輪瓜要注意外，其餘的只是將爬太高的部分扯斷，甚至不管它；若有新的野草出現，就先觀察它會如何生長、有何影響。

總之，作農事也要從生態與尊重自然的角度思考。

我帶著放寒假的兒子做除蔓工作，順便解釋認得的野草，說明為何這些要除、那些不除的原因；遇到雞屎藤就聞是否有雞屎味；遇到葛藤就學辨認豆科植物特徵。

我邊教邊想：要如何向兒子詮釋「秀明自然農法」農夫的工作，種植作物後不施肥、不放藥，只有除草與澆水，好像能做的農事很少。

某晚，我們在台東觀賞合唱團表演。如果只看舞台上指揮的肢體動作，覺得很可笑，怎麼在那裡胡亂比畫，但專心聆聽歌聲與伴奏鋼琴聲，就感受舞台上每個歌者都受到引導。指揮的手勢好像有一條無形的線，隨手一指就牽引出強弱有節奏的歌聲。

四個合唱團的四個指揮，手勢與肢體語言都不一樣，指揮風格也不同。指揮不是操控樂團，而是根據樂譜，發揮每位演奏者的能力，展現每種樂器的音樂特色，詮釋指揮者心中的樂曲感情。

也許「秀明自然農法」的農夫，或任何願意用心的農夫，他們都不是管理者，也不是主宰，而是農地上的交響樂團指揮。

農夫不能只將農作物視為商品，將土地視為工廠，沒感情的利用一塊土地，添加許多不安全、不自然的外來物質，種出自己都不太敢吃的農作物來換取金錢。

農夫要對樂曲，即「農作物」有感情，希望種出最美、健康又安全的農作物；要對每個演奏者，即「陽光」、「空氣」、「土壤」、「水」用心觀察理解。

當農地上的交響樂團指揮，要了解每個演出作物的特性，感受演出環境，即「土地」的音樂空間感。農夫聆聽農地上植物的樂曲，並作適當的回應與調整；當春天的溫暖降臨，農夫感受春天的生息，在土地上加入適合的春天蔬菜，就像指揮在樂曲中加入一段小提琴演奏一樣；當夏季的酷熱來臨，農夫幫土地做好覆蓋保溼，就像指揮讓激昂的樂曲有休止的段落。不同的季節有不同的大自然樂譜，樂譜一直在變，編曲與詮釋方式也有所不同。

有了這些想法，我知道如何向兒子解釋我的工作了！

最近在待採種的碩大青江菜上，常可以看到不太一樣的咖啡色黑點瓢蟲，我好奇又納悶的觀察，牠總是忙碌的爬上爬下，卻看不到怎麼吃小蟲，牠在青江菜上是要做什麼？

看來農夫的樂譜裡還要加上昆蟲類的演奏者，所以當農地上的交響樂團指揮真是有挑戰又有趣的工作啊！

圓滾滾的可愛瓢蟲

梅雨——盡人事，聽天命

水少擔心，水多也擔心，菜鳥農夫總是擔心不完！

開春到五月已很久沒下大雨，農莊的土地總是乾乾的淺黃色，對農作物不利，更令人擔心楊桃樹的成長受影響。

週四清晨五點多，我忍不住寫下期盼大雨的心情，想不到當天近九點時，真的開始下起連續不停的雨。

綿延不止的中型雨勢，下了一整天，隔天雨乍歇、豔陽照，我趕快巡查農莊作物與土地，在幾個地方的表土約十公分處挖下去檢查，土壤已變成富含水分的深褐色，楊桃園裡原本因缺水而有點暗綠發黃的野草，也都變翠綠了，原本擔憂缺水的心情也舒緩許多。終於，梅雨季來了！

沒想到，週六又下起整天雨，且雨勢更大，於是我不再擔心缺水，反而擔心淹水。

下午穿上雨衣去農地巡查，果然，蔬菜區有幾處菜畦，已淹了一兩公分深的水，小工寮的屋腳水泥部分也含飽了水分，甚至已有屋子內面滲水的痕跡。

我家農地的土壤透水性高，積水易排走，通常不易澆水到飽和；想不到兩天的雨勢，竟然讓它喝飽還淹水。

週日清晨，不小的雨仍繼續下！我開始擔心萬一水太多怎麼辦。楊桃、蓮霧、百香果等，還有不少蔬菜（白蘿蔔、紅蘿蔔、豆子、絲瓜、秋葵……）都在開花；雨大，花易被打爛，提早凋謝，雨天裡授粉的昆蟲也會停止活動。土壤含水太多，作物的根部也易泡爛或生病菌……

水少擔心，水多也擔心，菜鳥農夫總是擔心不完，但也許這只是我們過度的憂慮。

這些作物對自然變化的耐受力，或許比我們想像的堅強許多，水少，水多，它們自有對應的生存道理，農夫所能做的就是巡田觀察，幫它們做適度的排水措施，或加強如番茄類作物的支撐，幫助農作物適度競爭。

有一種信任別人的練習，前後隔一大步站兩人，面朝同一方向，前面的人要向後筆直仰倒，不用擔心後腦撞上水泥地，因為後面的人一定會接住他；通常，前面的人一定擔憂受傷，遲疑不敢仰倒，但只要有信心，倒下一定被接住，有被人照顧的幸福感受。

面對自然，農夫就是站在前面的那個人，也要放心仰倒，讓在後方的農作物接住，建立對大自然的信心。

雨天、晴天都是上天的決定，梅雨季也是菜鳥農夫的一門課程：學習「盡人事，聽天命」，原來蘊含積極豁達的生命態度！

移民鄉下的老年

即使已搬來台東兩年，轉業當起農夫，仍常有親友擔心的問：「你們什麼時候要回來？什麼時候不當農夫？」

我帶父親回台北探望親友幾天，這已是大約每三個月的必要了。

當初告知父親要搬來台東，他只問了將來要做什麼、要如何維生，我們隨口說他心裡滿意的數字，父親就不再過問，他甚至沒有太多考量，就與匆匆搬離住了多年的兄長家，遠離台北，跟著我們搬遷到台東的鄉下。

原先我們也很高興，台東鄉下空氣好、風景好、冬天天氣溫暖、治安好、老人會就在附近，可以活動的地方不小，而且台東醫院雖不大，但也有不少，甚至還有知名的馬偕醫院。這該是很適合老人的地方吧！

初期幾個月都很好，父親散步、聊天、幫忙院子除草、鬆土等，過著很健康的鄉村生活。想不到，度過初期幾個月的興奮期，新鮮感消失，也開始失去與本地的老人往來的興趣。

除了到附近散步、騎單車外，也少有興致隨我們去他處走走。田間或院子的園藝工作，除了除草，其他都不想做，也不想學。

老伴、老友、興趣，老年的三個重心都不見了，只有電視節目作伴。

父親，是我在台東快樂生活最大的擔心。

移民台東前，曾看了一本翻譯書《農莊生活午記 The Goods Life新時代思潮的先鋒探險》，由Helen & Scott Nearing所著作，這是美國二〇、三〇年經濟大蕭條發生之前的年代，一位在那樣的時代氛圍下，就已鼓吹簡單生活，減少消費、避免過度開發的教授Scott Nearing。

他五十歲時，因思想與作為不見容於當代，而被所任教的大學辭退，與原是富家出身的太太Helen，開始在緬因州與賓州兩地，展開近五十年的農莊生活。

這本書寫盡農莊生活的一些細節與思考，對想過農業生活的人是很好的參考，也是我很喜愛的一本書。

其中，最令人印象深刻的一件事，Scott Nearing在九十九歲時，在自知大限已到的前一週，就不吃東西且昭告親友，然後依然正常生活，終於在田裡耕作時，因自然體力衰竭而臥倒在田地，無痛、無病、無吟、無懼的離開人世。

九十九歲的天年，依然能做自己喜歡的事，然後無病無苦的告別，這真是世界上最幸福的人生！

在鄉下，常常可以看到附近的阿嬤與阿公，有些年過七十五，甚至八十多，還能耕種一片小菜園，且園裡的作物欣欣向榮，健康的身體、清朗的精神令人佩服，也許這就是常年農業勞動養成的結果。但也有不少同樣年紀，或更年輕的老人，整天在老人會閒聊、下棋等。

同樣是老人，有人依然勞動，有人已養老，令人感受到的精神活力完全不同。鄉下依然勞動的農夫阿公與阿嬤，別人看他們，覺得年紀一大把還不得清閒，真是勞碌命，我卻覺得他們才是最快樂的，永遠沒有退休，永遠做健康快樂的事！

我們呢？即使已搬來兩年，轉業當起農夫，仍常有親友擔心的問：「你們什麼時候要回來？什麼時候不當農夫？」

他們不能真切了解：「我們已愛上鄉下，愛上農夫的工作與生活！」

只要能做，我們就繼續做，就像Scott & Helen，就像停不下的農夫阿公、阿嬤。二十年後，我將六十三歲，三十年後七十三歲，老伴在側，興趣就是工作，我們依然能作農，依然可以指導別人實施「秀明自然農法」，更可以在村裡做點義工，也可以在這數十年間，交到在地與外地的好友。在鄉下的老年，似乎不是問題，而且還更理想。

但是對於父親的餘年，我只能耐心陪伴了！

對於所有想到鄉下過日子的朋友，我的建議是，要做就愈快愈好，不要晚過五十多歲，因為老年總是會來的。

在鄉下要度過老年生活，需要中壯年時，鍛練出可以耕作一輩子的體力與耐力，去結交在地的朋友，去愛上所選擇的地方，去培養對作物的愛與關懷，這一切都需要時間。

移民鄉下不是興之所致，而是平平凡凡且扎扎實實度過人的一生。

在楊桃園撿套袋的老父

喜悅的淚水

除了擔心楊桃太快成熟外，雪上加霜的是：近過年許多原本預訂的客人準備回老家或出遊而不願收貨，原本預訂量就只有預計採收量的四成多，萬一採下許多楊桃卻沒人訂，該如何是好？

在第一年務農，第一次楊桃收成前，我看著掛滿樹的楊桃，再幾天就應該寒冷的農曆春節卻異常高溫，白日動輒攝氏二十八度的溫度，讓原本青綠的楊桃成熟得很快，大自然像拿著染料將一顆顆楊桃兩筆就刷成黃色，套袋透出的黃色映滿眼簾。

對於沒經驗的我，感受到的緊張也更加明顯，萬一楊桃太黃熟，就不能寄給客人了！

除了擔心楊桃太快成熟外，雪上加霜的是：近過年許多原本預訂的客人準備回老家或出遊而不願收貨，原本預訂量就只有預計採收量的四成多，萬一採下許多楊桃卻沒人訂，該如何是好？人可以安排自己的時間，自然的成長卻不會照人的安排。我無暇擔心了，楊桃熟了就採吧！

開始採收，產量由一兩小箱起始，日日無休，每天的採收量漸增，少數聯絡可出貨的預訂名單，一個個因楊桃寄出而劃去，而可寄出的名單所餘已寥寥無幾，可是產量卻更走向高峰。

終於不得已，違反自己不以人情推銷的原則，拿起電話打給未預訂卻熟悉的朋友，拜託幫忙訂幾箱，幸而熱心的朋友們沒委婉拒絕，紛紛伸出援手共訂了幾十箱，我們又可以多撐過幾天。

說也神奇，朋友幫忙之後，陌生的電話一通通打來，竟然都是要訂購楊桃，似乎許多人是在親友家吃過後，感覺好吃而想購買。

就這樣，奇妙的平衡出現，每天接到的新訂單加上原先排好的訂單，其總箱數幾乎等於隔天的採收箱數，彷彿冥冥之中的安排。

忙到農曆除夕的前一天，恰好是產量的最高峰，一天採收將近七百五十斤，大小箱子合計七十多箱。宅急便不得不租用廂型車，空車來，再滿載楊桃紙箱走。收貨員透露：我們這段時間的出貨量已是該公司在台東的前十名。

第一年、第一次採收楊桃，感覺像田徑比賽中的四百公尺短跑，既要跑得快，又要有耐力持續速度到終點。為避免清晨露水讓楊桃溼潤，在箱內運送易腐壞，每天早上都要等到八點露水蒸散後才開始採收。

宅急便過年業務忙，必須提前收貨，如果晚於三點半，只好自己送到北邊十多公里外的集貨站；若晚於五點，更要自己送到二十五公里外的台東市集貨站。

一天短短七小時半的時間，我們要巡完每棵楊桃樹的每顆楊桃，採下成熟楊桃、裝籃、搬上貨車、運回工寮、搬下貨車、拆套袋、清潔、分類、包蔬果網、準備紙箱、放緩衝紙絲、封箱、清掃。

放寒假的兒女也得幫忙，他們與點工的阿姨組成數人的包裝動線，工作緊湊、人人不得閒。

我像餵料的機器不斷採楊桃並搬來，持續餵包裝線上吃掉楊桃的大小手，還要張羅所有銜接動線的細節，更要邊接聽不斷響起新訂購的電話鈴聲。終於！看著裝滿紙箱的宅急便貨車離去，可以稍微喘一口氣。

但晚餐後安頓好兒女又開始忙，聯絡客人安排隔日可收貨名單、寫宅配單、記帳、對匯款金額，一路忙到夜深人靜。

作農夫前我從來沒想過，原來產量大時，楊桃的採收如此忙碌；更沒預料到，原來自己承擔銷售的農夫，除了採收工作外，還有許多銷售的雜務。這段日子的忙碌更甚於在電子業工作時。

忙了十天，總算到除夕了，點工幫忙的幾個阿姨必須在家準備年夜飯，找不到人幫忙，我們也太累了，於是放下仍繼續成熟的楊桃，決定除夕與初一兩天休息陪家人，就像籃球賽中場休息，準備三天後再來打拚。

除夕清晨，我回想這十天，是作農以來最忙碌，也最勞累的一段時期。但就像步兵經歷過匍匐前進的震撼教育後才能蛻變，我和太太這兩個菜鳥經過第一次採收季後，才真正像個種水果的農夫。

除夕上午，我們陪伴遠從台北來的家人去楊桃園。**太太走過每一株楊桃樹，都低聲為它們祈禱，一株一株地感謝它們的回報。走著走著，甚至忍不住對著楊桃樹流出喜悅的淚水。**

第一年作果農，用的又是農民與專家很少認同的「秀明自然農法」，我們很幸運，有不算少的產量，楊桃有讓人稱讚的香氣與口感，更恰好是在過年送禮的高峰時期成熟。

感謝上天如此眷顧，讓我們作農之路有好的開始；更感謝眾多願意支持我們的朋友！

蟲蟲危機

作了農夫才知道，為了讓消費者吃不到蟲，不因蟲而損失收成，農夫要用多少辦法！

楊桃與鳳梨是我們務農主要的經濟來源，每當秋末，看到結了滿樹的楊桃幼果，就會覺得充滿希望，但是不能高興得太早，因為小小的楊桃幼果只有拇指大，要近四個月才成熟，這段期間不知有多少蟲在覬覦，而等到熟果時又會有鳥來分享。

蟲，是農夫的重要課題。

以前只是單純的消費者，即使有意識，但買水果不自覺的就會挑又漂亮又大的，印象中不曾在市售水果裡吃到蟲，但作了農夫才知道，為了讓消費者吃不到蟲，不因蟲而損失收成，農夫要用多少辦法！

依照「農委會」出版的《楊桃綜合管理》專書，提到在台灣常見的楊桃蟲害有二十餘種！最有名的果實階段危害是東方果實蠅，其次是花姬捲葉蛾，接著是鳥羽蛾、毒蛾、粉介殼蟲等。以東方果實蠅而言，專書上說：「若無適當防治，估計百分之十到百分之三十的受害率。」對農夫而言，就是收入少了百分之十到百分之三十。

我們選擇的農法是來自日本的「秀明自然農法」，無農藥無肥料栽培，以保持土壤潔淨為要務，相信有了潔淨的土壤，農作物自然能健康。沒有人為藥物干涉，沒有刻意施放外來的蟲或菌的生物防治法去消滅蟲……**除了農夫的愛與乾淨的土壤外，楊桃樹只能自己面對所謂的害蟲**。

我們相信健康的土壤與多樣化的自然環境，蟲害會減少許多，或許仍有一定的損失，但分享一些果實給大自然食物鍊裡的蟲，本來就是身為萬物之靈的人該做的。

農法聽來滿理想，但要達到土壤淨化，甚至將土壤以往所含的肥料干擾排出，需要幾年的時間進行。在這段淨化期間，果實被蟲咬、收成減少也只能默默接受，唯一能做的防治是對環境危害最少的套袋。

依照常理，很小的幼果就套袋，就能避免蟲叮、增加收成，但實務上不

東方果實蠅幼蟲剛離開楊桃的樣子

行。幼果的果蒂還細小，加上套袋形成巨大的受風面，晚秋後常見的強勁東北季風掃過，幼果就會從果蒂處斷落，損失比蟲害還大；並且太早套袋，果實沒有足夠的陽光與露水滋潤，成熟會很慢。

所以只好等久一些，讓幼果長到三到四公分以上再套袋，於是套袋前的果實就只能自求多福了。至於慣行農法種植楊桃，在開花至套袋期間，就靠每幾天噴一次農藥來保護。而我們的楊桃園就任蟲來去，當牠是環境的一分子，冀望生態多樣性提高，就能抑制過多的害蟲。

楊桃園正好讓我們驗證這些想法是否正確。第一年第一次套袋，楊桃套袋近兩千個，大略估計，被蟲叮咬，導致不能套袋的比率約百分之二十五到百分之三十，此數字與專書所說吻合。

如果每次收成都分享百分之三十給蟲，剩下的百分之七十的幼果再套袋給人吃，這已是很可觀的數量。若因分享部分的幼果給蟲吃，使得收成減少，只有適度提高單價來彌補農夫收入，若消費者能認同提高售價是因提供純淨果實與對地球友善，那麼這將是消費者、農夫與環境三贏的局面。我們更相信，未來幾年被蟲損傷的比率會逐漸降低，收成可以更好，就是調降單價的時候。

農夫面對危害最嚴重的東方果實蠅，有機種植的農夫會用性費洛蒙誘殺

套袋時，要小心不要誤碰樹梢上的蜂窩

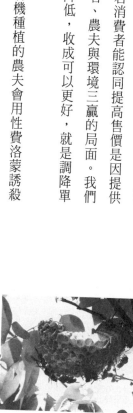

器、誘蟲盒、黃色黏紙、石灰硫磺合劑等資材去對付；慣行農法種植的農夫則用農藥把蟲殺光。

但是蟲難道就乖乖等著被消滅嗎？**以東方果實蠅為例，一年可以繁衍八到十個世代，殘存的蟲很快演化出抗藥的體質，農夫只好用更高濃度的農藥，或更新配方的農藥。這是一個惡性循環的戰爭。農藥廠每開發一種藥就要數年，農藥開發速度永遠追不上蟲的快速自然演化。**

使用過多又過量的農藥，最後進到大自然裡累積散佈，讓農地土壤劣化、讓地下水污染，最終透過食物鍊回到人體，人類永遠是最終的受害者。

我們這一代享受人生，累積大量財富，卻給後代一個愈來愈不宜住的環境，這是多荒謬的人生哲學！

靜靜看著漂亮也逐漸長大的楊桃幼果，我們對與蟲和平共處這想法深具信心，也許會失敗，也許沒有進展，畢竟台灣少有人嘗試。但出於「環淨」的理念與對農法的信心，「寧鳴而死、不默而生。」

人生下半場總要做一些自己認同的事，全力以赴去嘗試，不管成功與否，我們還是要做！就努力試試看吧！

套袋時偶會看到已經快八公分長的楊桃幼果，卻仍然很完整亮麗，成長中的一個多月未見蟲侵襲，我們想一定有什麼理由讓它不受蟲叮咬。

更多短期作物，體力與樂趣的平衡

為了降低冷藏宅配的高運費，我們嘗試只用常溫寄送葉菜類，但很擔心葉菜類在紙箱裡悶一天易枯萎。

務農才一年多，我們經驗仍不足，或許是「秀明自然農法」的吸引力，竟已有朋友熱情要求，希望我家種植更多的蔬菜並週週配送。

現在家裡所種的蔬菜面積約一百多坪，盛產時，這面積產出的短期蔬菜支持三到四家人沒問題，於是拗不過拜託，答應了兩個朋友，開始正式的週週蔬菜配送，這個時間比我們原先想做的早了兩年。我們擔心量不穩定，不敢再答應其他朋友的週週配送，只能看剩下多少菜再輪流寄。

我們沒做過週週宅配蔬菜，只能嘗試。固定每週四早上採收並下午寄出，剛好朋友收到時是週五，接近週末開伙日。

為了降低冷藏宅配的高運費，嘗試只用常溫寄送葉菜類，但很擔心葉菜類在紙箱裡悶一天易枯萎，前幾次寄出後總要打電話確認，幾次之後就放心了，除了水分高的龍鬚菜易爛掉外，無肥料栽培的葉菜可以保存久一點，不在運送中受損。

雖然我們種了琳瑯滿目的短期蔬菜，有空心菜、白莧菜、埃及黃麻、皇宮菜、地瓜葉、秋葵、菜豆、四季豆、龍鬚菜、地瓜、玉米、青椒、甜辣椒等，但每種的面積都很小，盛產時還是會以幾種為主，這樣讓朋友每週只能吃到幾種蔬菜，會不會太少？

初夏的菜園一瞥

一包包夏天蔬菜

另外除越瓜外，目前瓜類都種不好，炎熱夏天沒讓朋友吃到最應時又清涼的瓜類很可惜；更擔心這些夏天的蔬菜總會隨季節老化，到時秋季蔬菜沒接應好，就會產生空窗期，讓習慣吃我家蔬菜的朋友中斷來源！

有固定的蔬菜收入貼補家用很好，而且既然做了，就要有責任解決先前的擔心，讓支持的朋友每週都能收到滿意的蔬菜。

於是在前幾天，我們認真的將菜園內的空菜畦，補種下更多的蔬菜種子；接著再花一天時間，在果樹苗間的空地整理出三十坪大的菜畦，希望種更多玉米與黃豆。

一天整好三十坪地，聽來只是個數字，但對過去的我來說是不可能的。以前用鋤頭、耙子與人力耕作三十坪面積，兩三天才做得完。

收成空心菜

剛結幼莢的秋葵

但這次用了機器幫助，先用割草機除掉高及膝的野草，再以小牛耕耘機鬆根、破土，接著撿石頭與草根，最後用小牛耕耘機開溝作畦。雖說機器省力，但操作機器一整天很費體力，晚上睡覺時，感覺全身的筋骨隱隱作痛。不過，一天做完這些整齊的菜畦讓我很有成就感，隔天趕緊將玉米種子種在溝裡。

玉米與蔬菜都是短期作物，每幾個月就需要一次這樣耗費體力的勞動，身為果農，同時還要照顧一百八十多株楊桃樹、兩分多地的鳳梨、一堆果樹苗等長期作物，我每天幾乎在田裡工作七到八個小時。

太太身為家庭主婦，還要照顧孩子、長輩與家庭，在田裡的時間只有半天多，所以全部一甲三分多的土地大都由我一個人做粗重工作，目前勉強做得來，但若再有更多短期作物，不知體力是否應付得來。務農只有一年多，還在抓自己的極限。

我雖然擔心自己的體力，卻也聽到鄰鄉比我大十歲的農民，兩夫妻照顧近四甲面積的果樹，有釋迦、枇杷與荔枝等，一個人竟可管理兩甲的果園，對我來說簡直是超人，也興起「有為者亦若是」的豪情。

聽到一些新投入農業的朋友，因為體力不夠的關係，只好放棄原本較大面積的土地，改種小面積的高單價作物，這樣的消息又讓我保守起來。一個農夫到底能種多大的面積，有紛歧的答案，也許最後只能問自己了。

種短期作物，看到它們的成長很有樂趣，聽到別人說好吃就更快樂，但自己痠痲的身體也在提醒：「要適可而止。」也許做愈久會愈熟練，一切就會更好，就像一些六十多歲的老農民，年紀雖大，卻仍能耕作大面積土地。目前的我才一年多，只能繼續嘗試，並注意自己的身體不要過度負荷，才能繼續種更多短期作物，慢慢去體會體力與樂趣的平衡。

果樹苗間的三十坪整地

平靜就是快樂

每個認識的新朋友的想法與作為，都帶給過去只知努力上班的我許多衝擊，也促使我不斷思考未來的方向。

來到台東的第一年，那時我尚未務農，先在社區大學上班，生活如同在科學園區電子業上班，一樣的日常生活循環，真要說有什麼不同，就是心情變得平靜許多。

為什麼類似的生活循環，但只是工作型態改變，心情就比較平靜？一直無法自覺原因。

直到最近，辭去社區大學的專案經理職務，幾週後將到以有機茶葉為主的自然農園上班，未報到前先在農園幫忙，以便上班後盡快進入狀況。在農

南横公路台東側的雲海

園將近一週，除了將來要一起在農園上班的建築師，還有一位往自給自足生活邁進的訪客短暫借住。

三個不同背景的人白天生活、工作在一起，有許多時間在生活、農業、建築、哲學、社會現象等各主題，激盪出許多火花。經過不斷的討論，我才逐漸澄清自己為什麼來到台東後心情較平靜。

過去自己在科學園區的電子業工作，追求速度的工作外在與渴望舒緩的心靈內在之間，兩者不斷互相牽扯。

隨著職位提高、職務加重，兩者的分歧愈來愈遠，我嘗試拉近，總是徒勞無功，牽扯的力量造成心靈不平靜。儘管當時擁有比現在富足的經濟收入，也刻意進行戶外活動或心靈層次的活動，希望平緩心海波瀾，但是根本問題依然存在，每隔一段時間，我就感到厭倦工作。矛盾的是公司卻持續提升我的職位，愈向高處走，就愈須重視效率與效益，儘管公司總是宣揚員工的無形價值，但真正的事實是員工在快速演變的產業形勢下，只是有工作能力的知識機器，員工的感受與精神富足不是關心的重點。公司會隨著營業利益達成與否，就解雇曾有所貢獻的員工，這樣的管理模式與領導態度，讓我總是難以適應，不禁感到也許我根本就不屬於這樣的工作世界。來到台東之後，消除了內外拉扯，心情自然平靜。

選擇移民台東，除了因緣認識不少可愛的台東朋友外，還受到台東完整的自然環境吸引，或許下意識中，還有能遠離西部並斷絕退回熟悉的生活圈這個念頭吧！

在這裡交到不少新朋友，有堅持自然農法的農民、爽朗的原住民、一般中產階級、熱心的環保人士、過簡單生活的人。

每個認識的新朋友的想法與作為，都帶給過去只知努力上班的我許多衝擊，也促使我不斷思考未來的方向。也許我可以用我的能力幫助社區或其他人，也許就專心的作自然農法農民。不管如何，來台東後不再疲累，一切可以慢慢來了。

舉目可見的大山，亙古聳立於平地上，不管世人如何喜怒哀樂，大山依舊無言；不管形勢如何變化莫測，大山依然佇立。

我希望自己來台東後能像大山一樣，內在生機盎然，外在平靜無波；更願自己像大山一樣，透澈人世的局限與短暫，自由自在的保持平靜的快樂。

歡迎新鄰居

我故意把貨車開到那裡，牠果然飛來站在照後鏡上，然後就開始拉屎。

十二月下旬的套袋期間，點工幫忙我套袋的農民，總是喜歡將小貨車直接開到楊桃園旁。有天傍晚收工回家前，他發現黑色照後鏡上有許多白色的糞便，究竟是誰幹的好事？

百思不解，回到家將照後鏡洗乾淨，隔天再來，到了傍晚，黑色照後鏡上又是許多糞便。他抱怨好像有人在搗蛋！

那幾天我們忙著套袋的工作，沒時間去追查肇事元兇，直到太太提醒，好像有一隻少見的鳥，住在停車位置旁的楊桃樹上，也許是牠惹的禍，而且這隻鳥似乎住下不走了！

園裡的鳥種一向不少，零星的麻雀四處可見，不斷忙碌的東走西跳；烏頭翁經常在楊桃樹梢間，聒噪地吃黃熟的楊桃，可說是楊桃樹飼養的鳥；竹雞偶爾在蓮霧樹叢活動，「雞狗乖、雞狗乖」地啼叫著，總是害羞、機警的少被發現；新種的果樹苗區，前一陣子來不及割草，野草長高有遮蔽效果，傍晚時分走近，環頸雉總是倏然跳出飛離，流下驚鴻一瞥的斑爛羽衣；野草這幾天割短了，支撐果樹苗的肩膀高竹竿，常停棲喜歡空曠的大卷尾，一身黑衣挺立竿頭，昂視眾生；微陰或晴天時，龐然的大冠鷲總是繞著氣流盤旋，悠長的鳴叫聲迴旋天際；偶爾還可看見如小型特技風箏疾馳而過的鳳頭蒼鷹。但是這許多種鳥都不住這裡，牠們來得勤，也走得快，偶爾築巢，完成傳宗接代任務後也就離去，所以當我聽到可能有特別的鳥長住這裡時，感到十分好奇。

剛入社會工作，小孩還未出生前的時光，我很喜歡賞鳥，也加入野鳥學會。我喜歡陸鳥，沈醉於山裡靜靜看鳥的感動，初期的賞鳥層次停留在自豪能辨識多少鳥種的幼稚程度，反而沒有仔細觀察鳥的行為，賞鳥圖鑑上只是漸漸寫滿在哪裡看到的註記。

隨著工作漸忙與成家生子，我沒有餘暇，就漸漸擱下這興趣。搬到台東後，儘管在這自然的地方有機會看到很多鳥，但或許年長了，不再急著辨識鳥種，喜歡的就是看著鳥的姿態與活動。

經太太提醒，非常容易就發現長住在園裡的這隻鳥，原來牠有特殊癖好，牠大都停留在同一棵楊桃樹上。

我翻開久未查閱的《台灣野鳥圖鑑》，記載原來曾經在谷關看過，叫做「黃尾鴝」，但頭頂沒有銀白羽毛，胸部也沒有橙黃色，是雌鳥。這是隻冬候鳥，冬天由台灣以北遷移到南邊溫暖的地方度冬，楊桃園有幸被牠當成冬季的避寒行宮了。

這隻雌黃尾鴝不太怕人，等我們靠近到約1.5公尺，牠才會閃躲。我故意把貨車開到那裡，牠果然飛來站在照後鏡上，然後就開始拉屎，貨車的照後鏡被鳥屎做出黑白色的塗鴉畫，我懷疑牠為何想拉就拉？為何有這種怪癖、喜歡拉在照後鏡上？這隻黃尾鴝似乎從早到晚住在這裡，到底是吃什麼維生？野鳥圖鑑裡沒寫，只好自己觀察。

研究照後鏡上黑白的糞便，好像是吃蟲，不是吃楊桃。牠還常貼著前擋風玻璃或側玻璃，像蜂鳥般猛揮翅停佇半空中，是看著玻璃倒影中的自己顧影自憐？還是把玻璃上的倒影看成另一隻同種友伴？我坐在關上車窗的貨車前座，不到五十公分遠，近距離看著牠獨舞，這邊飛、那邊停、在玻璃前搔首弄姿、在樹枝上停佇發呆，這是從沒有過的賞鳥經驗。

一隻可愛親人的小鳥，十分鐘貼身觀察的感動，真幸福！作農夫竟能在園裡深度賞鳥！

這塊三千坪的土地，如果因為我們的耕種方法自然，容許野草與灌木等非作物的植物種類多一些，將來可能有機會提供給更多種類的生物居住或逗留，成為農夫農耕時的夥伴。我不禁夢想，如果台灣所有的農地都能更自然，將有很多生物可居住，那該會是多麼有趣的情況呢！

一隻有特殊癖好的鳥

農事協助初體驗

踏上農夫這條路，沒有數年周密的人生計畫，純粹只是一場美麗的意外。

二〇〇五年一月，我以三十九歲的年紀冒險離開了科學園區的工作，在下個工作開始前，想用人生難得的空檔安排一次全家旅行，但不願再去沒有根的國外，於是選擇了美麗而通常走馬看花的花東兩縣，用二十天的慢行來真正感受花東之美。

太太安排在台東拜訪一位有理念的釀醋女農，科技業的我對農業人士完全陌生，只因太太安排就去了。想不到這位女農熱情地陪伴我們一個下午，還邀請我們隔天早晨一起拔一大片白蘿蔔，就這樣，我開始認識農業之美好，啟動了想作農的念頭，之後我大膽拜託去其農場實習當義工，她教我開墾一片菜園。

二十天的農事體驗後，我發現自己喜歡流汗、摸泥土、觀察農作物的感覺，更有信心在體能與耐力上，接受農業生活的考驗，於是我作了重要的人生決定：以務農度過人生下半場。

對於務農的轉變，沒有事前的計畫，只是隨著機緣的安排，有機會就掌握住。我的心裡也許埋藏著農夫的種子，用柔細的纖毛在人生時空中飄盪，終於在這趟花東之旅時落在適合的土壤。釀醋女農的善意接待與提供農事體驗，就是那場促進種子發芽的春雨，長出子葉、穿透泥土、一路茁壯。

有很多青壯年朋友，在奮鬥多年後，可能發現自己也有一顆農夫的種子埋在心裡，我希望有機會扮演春雨，促成其種子發芽；如同當年我所得到的機會。

提供農事協助的體驗機會，就是我們的春雨。

義工若是停留兩天以上協助農事，我們會依據目前的農事進度，與該義工的條件，盡量讓他們接觸不同性質的農事，當然我們還會事先整理工寮，讓他們有個乾淨的家。

義工自己住在工寮，早晚兩餐必須自己烹煮食物，這是農家必須的生活型態——在農事疲累時還要自己烹調；我們也事先準備食材並建議如何烹調；最重要的是在白天工作時，討論協助體驗的心得。

其實義工若只是來幫忙一兩天，我們會多出不少事情，比只有夫妻倆還複雜。不過多了義工幫忙，不少簡單卻重複的田間工作一下子就能做完；最特別的是，雙方都能因此成為熟識的朋友。

兩年多前，當我公開農事協助體驗一事後，一對素不相識的年輕夫妻聯絡，想來參與農事四天，因為第一次有義工停留這麼久，於是我們事先先溝通，確認彼此了解雙方的期待後才答應。

這對夫妻坐莒光號夜車，從台北站到車站，再由我們接送。接著幾天，他們就住工寮裡，工寮的舒適程度比他們想像中好。我們希望在白天繁重的農事之後，義工能放鬆的休息，所以我準備了簡單的木床、枕頭、睡袋、睡墊、蚊帳、太太做的手工皂、茶葉與泡茶組、冰箱與一堆農業、生態與環保的書籍。

在那幾天，工寮就是他們的農家；清晨起來，要自己準備早餐，幫忙旁邊的花園澆水，等我們來了，就一起流汗耕耘，中午一起煮飯，各自短暫午休後，下午又繼續工作。

傍晚我們回鄰村的住家，只有他們住在工寮裡，自己煮飯、泡茶、洗衣，遠離都市的繁華，沒有電視與電腦、沒有不必要的電器，沒有交通工

具，只有書本、蟲鳴蛙叫、星光與暗沈的農地。簡單規律的勞動生活數日，讓他們有機會能面對自我，確認自己是否喜歡務農。

幾天中，他們參與了楊桃樹修主幹、菜畦中耕除草、做芥藍菜的高畦、播種、種山藥、種樹苗、挖地瓜再種回地瓜苗、用小牛耕耘機鬆土、修灌溉噴管、為蓮霧樹接新的噴管、搭草葉堆肥的竹籬笆；遇上雨天，就在工寮內剝種子、釘置物架。

我們抽空帶他們去拜訪附近農友，喝下午茶並參觀有機咖啡園；並在一天農忙後，帶他們到有遼闊視野的高台看我們居住的村莊；晚飯後到我家後方的大草地散步看星空。我們花了不少時間陪伴，只希望能讓他們喜歡鄉村生活，並讓農業的種子發芽。

這對夫妻前後來了兩次，共幫忙了七天，也許真的有收穫，後來他們確定以農業為人生職志，而且採用「秀明自然農法」，更開心的是，我們因此成為好朋友。有好的開始，更讓我們確定未來要繼續提供這樣的機會，給想務農或想學習「秀明自然農法」的朋友。

兩年半以來，陸續有義工來幫忙，最高興的是其中有不少人就真的展開農業的轉型之路。在這個老農逐漸凋零的時代，有更多人加入農業陣營是我們最高興的事。

簡單生活的朋友

獨立在屋外院子入口的廁所，門板只有到下巴高的半扇門，站在門外就看到蹲馬桶的人。害羞的女兒因此剛開始一定要媽媽陪同才去。

當初決定在人生下半場轉職農業時，面臨購買農地的選擇，我們曾考慮過既然已住在新竹縣，為免小孩轉學、換環境的痛苦，要不要就買在北埔、寶山與峨眉等地，但幾次在竹苗地區看地的經驗，發現可用的存款買不起平坦的水田，僅夠買有點坡度的山坡地，這不是我最喜歡的種植環境，於是開始思考離開新竹的可能性。

此念頭一起，思考就開始海闊天空。原來當時地價尚可接受的花東地區才是心裡最鍾愛的地方，**離開新竹還有一個好處，就是能讓自己斬斷後路、**

背水一搏，不能一遇到困難，就想退回科學園區找工作。一旦脫離熟悉的新竹都會生活，在較偏遠的台東，才能徹底過農業的生活，讓自己像個真正的農夫。

我們很高興作出這樣的決定，也終於如願以償，全家搬到台東來務農。因為距離遙遠，除了偶爾有朋友用E-mail問候外，幾乎脫離原來的科技人生活圈。

陌生的地方、陌生的行業，沒有朋友、親人、同學與同事，有點孤單的一切從頭開始。奇怪的是，如同拉一串棉繩捆綁的粽子般，拉了以第一個朋友為緣分的線頭後，隨之就拉起一串朋友。轉眼間，我們在台東三年認識的朋友，比在新竹工作十五年還多了不少。

「精誠所至，金石為開」，人有了意願，心靈的頻道也隨之打開，我們開始認識喜歡相同簡單生活的朋友。這許多朋友當中，有許多特別的人，也許以世俗眼光來看是很另類的人，但認識他們帶給我很多衝擊。

他們的輪廓經常浮現在我的腦海中，提醒我人生追求的真諦是什麼。

其中一位是偶然間認識的女性朋友，她是從網路上蒐尋「自然農法」關鍵字而找到我們，立刻電話聯絡來參觀。

那時候，我們才剛耕種幾個月，沒有太多經驗與成果可分享，只有我們的夢想與一堆未證實的想法，但她不在乎農耕的成果，只注意我們夫妻的本質。很不可思議地，我們好像久未謀面的老友般，早上才剛見面，彼此就覺得很投緣。談興一起，我們停下農事，一直聊到了傍晚才道別。

後來經常會接到她打電話問候，我一向不愛想念朋友到經常打電話噓寒問暖，卻似乎很習慣她經常來電，聊著聊著就愈來愈熟，雖然我們還是只知道她一點點的背景：由都會移居到恆春山上荒僻的地方，一個人租下陳舊的老平房，放棄工作，以做手工有機點心為生。

第一次交友，不管她以前怎樣，只管她現在想做什麼。她希望能藉手工有機點心，串連有機農場與消費者間的橋梁。第一次交友，不管她的身分、地位，只管她的思想是否與我們投緣。這也是除了太太與同事外，能與她放心談天的同輩女性。

隔年四月下旬微熱的季節，全家連父親共五口去拜訪她。她的家不在恆春熱鬧大街，而在偏僻的山丘上。恆春半島的東北季風一吹起，這裡淒風苦雨，寂寞孤單，但她卻習以為常。

一間破舊的磚房，沒有精美的家飾，只有簡單的自然素材，巧手佈置成別緻的觀海小屋；獨立在屋外院子入口的廁所，門板只有到下巴高的半扇門，站在門外就看到蹲馬桶的人。害羞的女兒因此剛開始一定要媽媽陪同才去，但經常獨居的她卻不以為意，原來是我們想得太多了。

她像對待家人般，帶我們去體會草原的海景，又回到小屋準備豐富的晚餐招待我們。我們一向不愛麻煩別人，原本擔心一家四口還有老人家，又是玩、又是洗澡、又是吃喝拉撒睡，全麻煩這位朋友，很不好意思，但在她熱情與自然流露的欣喜下也消退了。

深夜十點多，小孩、老人都入睡了，山上只看到星星與海上漁船的微光，只有蟲叫與微風聲、空氣中微鹹的味道。我、忍住睡意的太太和她三個人，坐躺在屋簷下寬大的木板平台，不談風花雪月、不語政治經濟，只聊家庭、人生與夢想，午夜時，太太不支終於睡了，只剩下我和她繼續聊到夜更深、露水更重時。到現在，我已忘了那晚到底聊了什麼，只記得這個新朋友在那天心靈靠近了。

之後我們常常受到她的幫助，也常收到她做的手工點心，我們也常寄一點自家的農作物去回謝，來來往往、電話偶爾聯絡，偶爾我講、偶爾太太談。一年半了，只有因為她來台東看花生農家而再見面一次，但雖然不常見面，卻總在心裡記掛著她：「不要做太多點心受傷了，不要因為太多人去拜訪你，而失去原本的寧靜心情……」

我親愛的朋友，你帶給我們快樂，我們也希望妳一切都好！

我已經忘了那位大哥的名字了，恆春的女性朋友帶我們去更偏遠的地方拜訪他前，笑說他長得像叢林裡的越共。

他的家沒有圍牆，只有自己全部用大鵝卵石砌成的屋子，很有比例與結構的美感，與其說是「家」，不如說是石頭洞。

只有十多坪大的空間，可以用家徒四壁來形容。沒有任何隔間，地上像礫石海灘般滿佈小鵝卵石、沒有插座與電燈、沒有任何電器、沒有玻璃窗、紗門、窗簾，窗戶只能用木板放下遮風蔽雨，沒有木製家具、沒有畫，什麼都沒有；只有大到可臥如床，可坐如椅的石板，小到如乒乓球般的石頭、海裡的貝殼、一些古早的木製農具，還有一點舊舊的書。

我被這簡單卻又另類的屋子震撼到，很期待是什麼樣的主人會出現。

沒多久，一輛擁有超大輪子的墨綠色敞篷吉普車開來。大哥穿了戰鬥迷彩裝，留著平頭，一身黝黑精瘦的走了下來。果然有點像越共，令人印象深刻，但他本人與石屋的味道完全吻合。

那天大哥因為朋友介紹的關係，儘管與我們素昧平生，卻很熱情的回答我們一家大小一籮筐可能很多人都問過的問題：

像貓一樣隨遇而安的人生

屋內沒廁所，上廁所該怎麼辦？

就去屋旁的小溪吧！（我們心裡不敢問，那上大號該如何？）

那客人怎麼辦呢？

我怎麼辦，客人就怎麼辦啊！

沒浴室要如何洗澡？

晚上沒人看得到的時候去旁邊的小溪洗啊！

家裡怎麼沒有睡覺的床？

旁邊那個長條石板（寬度很窄，只有約六十公分）鋪上棉被就能睡了！

為什麼沒有電燈、電扇等電器？

晚上用油燈就好了，石頭屋很涼爽，不怕熱！

為什麼地上鋪滿了小鵝卵石？

剛蓋好時曾經是平的地面，後來每天掃地很累，就乾脆把十多年來在附近海灘撿的石頭全鋪下去，就再也不用掃地了！等以後老了，就可以把這些石頭搬回原先的海灘邊放生。（沒錯，是「放生」！大哥認為這些石頭也有其生命。）

這麼特別的石頭屋，會不會常有遊客進來看？

有啊！剛開始木門沒裝鎖，遊客隨時都能進來，一些貝殼與地上的小石頭就被拿走了，後來很久才忍不住在門上裝了一個簡單的鎖！

屋子沒有玻璃窗，晚上睡覺怎麼辦？

就這樣啊！又沒有危險。

前院這麼大，不想種一些花草或大樹美化嗎？

附近的山上森林與村裡的景致就很漂亮，那就是院子的景觀了，幹嘛要花力氣種！

蓋屋子的大石頭怎麼來的？

十多年來到海邊，看到漂亮的就抱一點回來放，直到差不多了，才想也許可以蓋個屋子！

大哥用道地的台語很有耐心的回答我們，然後一屁股盤坐到窗前的大石板上，對著圍坐在石板邊的我們開始開講。

從小時候恆春地區四處可見的瓊麻談起。瓊麻的花朵很大，花蜜可以用吸的，一朵花的蜜汁竟然可以讓一個小朋友喝到飽，就不用吃早餐了；又講到修枝砍下來的瓊麻枝條，堆久了就會分解成很好的養分，在這堆肥中種絲瓜，竟然可以長到像大冬瓜這麼巨大。

這麼不可思議的事讓我邊聽邊懷疑：「哪有可能？」可是大哥的台語魅力與生動的動作、表情太精采了，令人深深著迷。我側看七十多歲的父親，很久沒看他可以這麼專注聽一個人說這麼久的話還不顯疲累。

大哥雖然看來土氣，講話也有草根味，但說話內容生動有趣，簡直是超級演講家，他如果當解說員一定有很多粉絲。

但不只有趣而已，話中還常常帶著簡單放空的人生哲理，讓人深思低回。

原先我搬到台東買農地，就像多數移居鄉村的都市人，還想花心血蓋一間別緻、美觀的農舍，經過大哥石頭屋的洗禮，我突然發現過去執著於漂亮

像火龍果的花般追求自由的天空

房子的念頭有多可笑，原來身邊有許多物品是根本不需要的。

人，簡單來去才自由，沒有外物與財富的羈絆才能享受當下的快樂，我們太汲汲營營的想要擁有物品了。

然而大哥看似瀟灑豁達，卻不是不問世事。女性朋友後來告知：大哥主動幫村裡各處重要地方做了很多的美化，也做了很多事，濃厚的愛鄉情懷不經意就流露出來。大哥雖然只是一個以園藝為生又獨身的中年人，人不起眼，行為舉止又迥異於一般人，但他的思想與行為，已接近佛家「空」的境界了，令人自嘆弗如。在我心中，他的形象高大端正，遠勝過在台北西裝革履、油光滿面又做盡侵佔詐財的弊案金融家。下次再去恆春半島，一定要再去和他聊聊。

這幾年，認識這樣的朋友很多，無法一一盡舉，如果以社會地位與財富的角度衡量，他們大都不及格，然而一個人真的只能用這兩個指標去評價嗎？

一個只看這兩件事評價一個人的價值的社會是不是病了？如果只看這兩個指標，田園詩人陶淵明就不及格了，《浮生六記》的沈三白更該淘汰，在非洲行醫的史懷哲也是，一些佛教高僧也該被剔除了，然而歷經多年，我們卻還記得這些歷史人物的事誼。或許感動人的，不只是他們的濟世、修身、立言的成就，而是他們追求人性良善與真純的努力。

很高興我離開了科學園區，否則到今天恐怕還在狹隘的經濟與物質圈裡，繞來繞去卻始終找不到真正的人生出口，更不可能認識這些隨時在心裡提醒與啟發我的新朋友！

有機村的老農朋友

類似阿伯的故事在一些書籍與電視都描述過，但滄桑的臉親自在我們面前一句一句說，聽來卻有無比的震撼。

許多中壯年的農夫，與我近似的年紀，他們成長於農家，讀到高職或專科畢業，在都會闖盪幾年後，決定回鄉與家人一起生活，如果沒做生意，也沒上班的人就會以農為生。

務農對這些人而言，看起來是留鄉不得不的選擇，無關喜好，就只是必須，然而這些人從小幫忙農事的經驗，讓他們對於務農的起步也很有幫助。

我比較另類，移民台東是場意外。這裡不是我的故鄉，務農也是自由選擇下的人生判斷，家族內無人務農，只有小時候在外婆工餘照顧的那一小片緣竹林做點培土工作，沒任何農事經驗的我，起步比別人困難一點。

剛務農幾個月，我們聽聞花蓮的有機村，有農家用手工自製豆腐，就興匆匆的去拜訪做豆腐的農家，就這樣，我們認識了有機村的阿伯夫婦。

年紀已能當我們爸爸的阿伯，面對冒失找來的年輕夫妻，隨和親切又熱心的聊起來，讓我們覺得很窩心。

這次拜訪時，太太看到他家的稻田在二期稻作收割後就種下白蘿蔔，就纏著阿伯問蘿蔔乾如何做，還想在蘿蔔收成時來幫忙拔，這是太太典型愛發問的個性表現，想不到阿伯真的記在心裡。

阿伯幾個月後打電話給我們，請我們去拔蘿蔔與學做蘿蔔乾，當接到電話時，心裡感覺很溫暖！沒想到無心提一句，阿伯卻記住了。

我們一向不愛麻煩別人，但在阿伯的熱情邀請下，覺得這次麻煩他們應該是很美好的緣分，於是就停下一天農耕趕去他家。阿伯夫婦不求回報的陪了我們近一整天，我們收穫了一大袋的白蘿蔔，還有一手伯母傳授的蘿蔔乾製作經驗，加上一頓非常好吃的傳統客家午餐，一堆留種多年的種子，以及不少種菜的經驗，還有最重要的，滿滿的感動。

之後來來回回互送了幾次水果與農產品，又走訪他家多次，每次都大方的送我們一堆農作物，阿伯也遠來台東看我們的農莊，就這樣，我們逐漸建立了較深厚的情誼。

阿伯與我同姓，和我外婆一樣都是客家人。每次見到他就有如看到長輩般親切，讓沒有務農背景的我心裡很舒坦，感覺像家裡有個務農的長輩，可以在需要的時候去請教或是聊聊，不一定學會什麼農耕經驗，只要聽聽他說話，就覺得農耕心情穩定多了。

原本搬來台東與我們同住的父親，在我剛務農一年多後，原本愛和我講話，卻逐漸變得沈默冷淡，我感覺與爸爸的距離愈來愈遙遠。父親對很多事都失去興趣，也逐漸失去活力，初來乍到、忙於農事的我們，疏忽了父親的異常是來自於老人失智，直到終於警覺，開始嘗試治療，卻因早已惡化卻未發現的胃癌迅速辭世。

父親晚年與我短暫共住，沒能分享到兒子務農的快樂，也沒能讓他感受鄉村生活的樂趣，我唯一做到的只是陪著他走過人生最後一段！所以除了丈母娘外，阿伯夫婦自此成了我家目前在台東最熟悉的長輩了。

阿伯雖然小父親約五歲，卻也快七十歲了，人生七十古來稀這句古諺，似乎用不到他身上。年紀一大把，卻還用有機農法種水稻一公頃多、黃豆兩分多、一片蔬菜與水果，還有一大池塘的魚。

農事繁忙外，仍能做著農家民宿，忙接待、打掃與餐點等，這樣多的農事與雜事，落到我們夫妻身上一定無法承擔、叫苦連天，阿伯卻依然活力十足。阿伯活到老，做到老的習慣讓我佩服，換成別人早已退休，安養天年了，他卻還有這樣的體力與企圖。相比之下，我不免遺憾父親的迅速老化，如果早來台東務農幾年，也許父親也能跟著幫忙而鍛鍊出好體力。

走過傳統、慣行農法又到有機農法；從以前種稻一石可以換師傅數天工資，到現在一石稻米換不到師傅一天工資，阿伯見證農業的興衰歲月，然而不管外界如何變化，他還是堅守著山上僻靜的家園。

假日我們去他家住民宿，清晨阿伯停下工作，陪我們走到山上瀑布下的步道，遠眺下方變渺小的家園。我們攀著木欄杆，襯著瀑布的流水聲、兒女的嬉鬧聲，聽他娓娓道來過去的歲月。

阿伯從小住在村莊最高處，幾十年前無道路可達，是最不好的地點。山上生活清苦，種稻米面積雖已不小，仍無法養育食指浩繁的一家老小，總要多開源節流。

為了燒飯洗澡，要走幾公里的崎嶇山徑，去砍大捆的樹枝再慢慢挑下山；養豬為了要省飼料錢，就到山裡，四處採豬菜來餵豬，養雞、養鴨、山裡挖竹筍更是稀鬆平常；當時菜價好、花東縱谷人口仍多，就種菜來賣，晚上採菜、洗菜到深夜，小睡一番到凌晨起床，再用扁擔肩挑重重的蔬菜，走數公里山路，去大街上佔位子，賣完菜都快九點了，再走幾公里路回家，繼續忙稻田等農事、雜事與家事，中午小睡一番又繼續忙，每天只能睡四個小時。

山上的泥土小路從肩挑扁擔、牛車、騎機車到開車，一路走過，終於走到政府開了雙線道的柏油道路；家裡也從矮小的土磚房改建成寬大的水泥房，家境逐漸隨著打拚而好轉，和我一樣年紀的小孩總算拉拔大了，離鄉發展都有不錯的成就。

類似阿伯的故事在一些書籍與電視都描述過，但滄桑的臉親自在我們面前一句一句說，聽來卻有無比的震撼，原來農業生活不是我們想像的浪漫，而是與生活搏鬥的艱苦；我們轉業作農的決定看似勇敢，但跟阿伯為了家庭，不向命運低頭的毅力比起來，只是像小孩玩扮家家酒的自我趣味。

即使阿伯小孩都長大成家了，沒太多家庭經濟的負擔，但從小習慣勞動的身心依然讓他動個不停。

前一陣子，過去的主管來農莊拜訪我，原來他買了農地，趁工作負擔已減輕時，要自己種菜、種樹等。他曾是科技業的高層主管，從國外留學畢業後，就一路打拚，出人頭地，累積了財富與地位，現在五十多歲了，想做的事竟然是農業！竟然和從小在山裡長大的阿伯一輩子所做的事是一樣的！

我不免想許多朋友的人生繞了一大圈，才發現財富與地位無法滿足一個人的內心，溫暖家庭與平安知足的心才是根本，看似艱苦的農業，卻有最貼近人心追求的本質——生命與樸實。

儘管阿伯沒多少學歷，但他照顧過許多植物的生命、走過艱苦的歲月、嘗盡生活的冷暖、度過生命的困頓，他平和的臉上展露的卻是學歷換不到的人生智慧，俐落的行為上顯現的是豁達與熱誠的心。

阿伯是我的朋友，也是親切的長輩，更是我農業夢想中的標竿。

一晚簡單返璞的山野生活

第一眼看見的是一個全部用海邊漂流木搭起的高高的眺望台，近兩層樓高。

二〇〇六年十一月，一位初識卻投緣的退休老師，到台東生活幾天，她熱情的帶了一位新朋友到我家農莊互相認識。這位新朋友在台東海邊山上有片自然的土地，除了面積不小的甜柿與枇杷，還有過境的赤腹鷹可觀賞。山上偏遠只有四輪驅動車能到達，這恰是我們喜歡的環境，於是厚著臉皮與新朋友約定，週末全家就去打擾他，到山上宿營一晚。

週末一早，我們帶著期盼，在不預期的大雨中出發，心裡擔心萬一山上大雨怎麼辦。車開到離家五十公里遠的海邊公路，雨停了，朋友準時在約定地點引我們上山。

一路上幾乎都是陡坡，引擎高低檔來回切換，開了七公里，太平洋離我們愈來愈遠，浪花也漸變成一片白，已來到海拔近七百公尺高的山裡。最後一段幾百公尺的路，路面被雨水沖刷出深土溝與石頭，車子像碰碰車般顛簸不止，終於，我們來到朋友的山頭。

進來的第一眼就是那高高的眺望台，全部用海邊漂流木搭起，近兩層樓高的主柱樹幹聳入天空，樓梯是用窄窄的樹幹直接以電鋸切出階梯形狀，透空的小樹幹做欄杆。

走起來有點驚險，雖只是木頭搭建，但第二層平台站立多人卻依然穩固不搖。這四根主柱樹幹的其中一根只要十分之一長，其重量就叫我搬不動，朋友僅憑自己的雙手並操控小怪手就搭建起來，有如埃及人沒有現代工具卻蓋出金字塔般不可思議。

除了眺望台，朋友蒐集廢棄木料與舊鐵材，用幾年時間，隨生活需要，自己慢慢搭建小屋，有餐廳、廚房、浴室與通舖等，小屋裡充滿創意，木窗戶一推開就引入山風，隨興坐在窗台，就能看到中央山脈層層山巒與遠處的太平洋。

小小的通舖在沒人睡覺時，背後的舊檜木板就變成聊天的靠背，幾個人隨意而坐就能愜意的聊天。小屋雖然處處有縫，風與小蟲就隨意進入，但卻溫馨舒適，住在裡面感到自由無拘束。

各種在消費文明下被丟棄的資源，在朋友巧手下，變成實用的物品，比如用幾個卡車輪圈蓋焊接切割並組合，就可以變成山上天冷時的火爐，下方烤火、上方還能炊煮；廁所也是自己搭建，一個蹲式馬桶加上一些廢木料，就變成通風良好的戶外廁所。甜柿與枇杷是他的主要作物，朋友對甜柿這種果樹的生長物性非常了解。果園有不少雜草與生物，如自然荒原般的種植，保護了這土地的生態。

晚上，雲遮半邊天，山上的黑夜，只有微微星光相伴；遠處，三千一百公尺高的大山隱於灰暗的雲後，黑冠麻鷺像貓頭鷹般「呼！呼！」的低鳴，蟲與蛙也在合唱，這個四方都無人的山上，夜是如此靜穆安詳。

涼寒夜晚，我們在屋內用火爐燒枯樹塊取暖，同時爐上煮一大鍋蔬菜熱湯、蒸了饅頭、煎烤了肉條，還有香甜的南瓜湯，屋外眺望台也起火取暖，順便用鹽巴烤紅魚；大家邊吃邊坐躺在眺望台上看銀河，一頓溫馨的晚餐就這樣慢慢的吃了三小時。

那晚，我們全家擠在通舖，窩在睡袋裡一覺到天亮。隔天清晨不到六點，大家都起床，立刻烤火取暖，邊吃早餐，邊等著一群群南向度冬的赤腹鷹過境。上百隻赤腹鷹不知從何而起，立刻盤旋向上往恆春方向飛去。我們就這樣邊玩、邊發呆、邊聊，直到近中午，才依依不捨的向熱情的朋友道別。

幾年的山中歲月，生活的清苦與孤單一般人很難接受，然而朋友卻自在的走過，像個自然生活的馬蓋先，萬能雙手與巧思創意讓人佩服。

令人想不到的是不過幾年前，他仍是個上班族，入山以來，無師自通學會了一身動手的本領、成為有經驗的果農與環保生活的實踐者。看到他的獨立生活能力，讓搬到鄉下，卻還常要依賴專業師傅的我汗顏不已。

朋友的生活簡單，事事動手做，挑戰自己的雙手與腦，相較於現代社會，大家只會用金錢去交換勞力與服務，陷入賺錢消費，過度耗用地球資源卻找不到快樂的輪迴，他早已走出這個迴圈。

在這裡，給了我許多衝擊，反省我們即使搬到鄉下，還有很多觀念跳脫不開既有的窠臼，就以當時想蓋的房子來說，原先我的規劃是朝綠建築方向，但總脫不開一般思維——外觀要漂亮、要有質感，似乎房子是蓋給別人看，而不是回歸自己的需要。

我的父親是水力電廠員工，我在讀幼稚園時，曾經住在中横的谷關附近，三十多年前，一九七〇年代左右，那裡仍非常自然。

大甲溪支流溪床有許多大石頭，記憶中，我和其他幼兒曾在乾枯河床上搭石屋當密室；宿舍的木屋牆壁上，常可看到蛇爬上爬下；母親也曾帶著我們兄弟，坐流籠越過湍急溪流到山上朋友家採菜，住在山上的小屋裡。

三十多年前年幼的自然感受仍深藏在我心底，這個週末在朋友山上，好像有一些似曾相識的回憶浮現。不管未來，我們能多麼反省自己，將生活簡化到何種地步，至少這幾天的自然生活會留一些刻痕在我們腦海裡，如同我的童年。

也許等待多年後，這些刻痕也會在兒女的心中，放大為對自然的追尋。我也很高興，交了一個單純實在的新朋友！

有你眞好！農友聚會的好朋友

別人笑我們傻，等著看笑話，因為對大多數農業界人士而言，不用農藥（包括有機農藥）種水果已經很困難了，竟然還不放肥料（包括有機肥料）！

來台東結識的朋友，他們都有一些人格特質讓我難忘，但與我志同道合的幾個務農朋友，是最讓我珍惜的。加上我自己共四個，是台東地區最早採用不施肥，也不用藥的「秀明自然農法」的農夫。

別人笑我們傻，等著看笑話，因為對大多數農業界人士而言，不用農藥（包括有機農藥）種水果已經很困難了，竟然還不放肥料（包括有機肥料）！傳統觀念認為氮、磷、鉀是植物成長的三要素，不放肥料等於根本不供應作物主要的養分，更遑論其他微量元素了。不施肥種植，作物怎麼會長得大、長得快、長得多？病蟲害來侵襲又不用農藥去消滅，作物收成更減少，這不是自尋死路的傻子嗎？

說也奇怪，世界上就是有不信邪的傻子，而且台東一次就有四個。受大屯溪自然農法教育農莊的影響，二〇〇六年，我們四個人各自作了人生重大決定，開始用很難被理解的「秀明自然農法」耕種。

從那一刻起，儘管大家各自在台東不同地方奮鬥，卻有了共同點。四個人各自有一條線連結緣分，但並未互相認識，一直到命運把我們拉近。

關心農業的幾個社區大學與環保團體，共同策畫了一系列的農村願景會議，隔年四月第二站到了台東。因為離家近，我們四個人都參與了會議，會議討論什麼已印象模糊，但是我們下課時互相認識，共同決定了開始定期做「秀明自然農法」農友的家庭聚會，互相扶持分享，一起走這條艱辛卻又欣喜的道路。

我們每個月一次的聚會形式其實很簡單，全家大大小小都出席，每月固定某週六近傍晚，輪流到每個人家裡，藉此觀察這家的農地與作物幾個月來的變化，也聽聽耕種主人的心得分享。大家各自帶一道菜來一起晚餐，盡量是自家種的作物，並用簡單、自然的方法料理，互相學習別人的簡單烹飪之道。

兩年了，我們幾乎不中斷的舉行。記得剛開始，因為彼此不熟悉，只能談些耕種的話題，漸漸的，我們有了默契，也討論到之所以願意採用這困難的耕種方法，這背後最重要的人生哲學。

我們的話題從耕種、農作物行銷、農業的現況、家庭經濟狀況，談到《中庸》、《論語》的經典語句如何對應到農耕態度，談到宗教信仰的教義，談到各自的家庭。小桌會議愈來愈無話不談，愈聊愈晚，欲罷不能，至於小孩早已在農村夜色中，因為一次次的相聚而漸漸熱絡，玩在一起。

我們幾個人的組合很奇特，除了都是較少見的大專畢業農夫、五年級生，都主要種水果與農法相同外，似乎沒多少交集，宗教信仰不同、工作背景不同、個性不同、家庭經濟狀況不同、嗜好不同，這樣的人竟然能成為好朋友，也許背後最大的共同點，就是我們都愛好自然、珍視傳統價值。

記得台東爭論得沸沸揚揚的開發案——海水浴場被改建為海濱度假村，一個原本屬於全民的台東唯一海水浴場，被縣政府長期租用給業者，規避了原本該進行的環境影響評估，建造了緊貼海灘邊的龐然旅館建築，造成海灘與附近珊瑚礁生態被影響。

我們聊到這個案子都感到不平，於是一起參與了環保團體在台東的抗議遊行，大家都是第一次到街頭遊行。一個農友熱情的在隊伍前打傳統大鼓，其他人帶著妻小在隊伍裡隨著領隊舉標語行走。

抗議隊伍只有幾百人，走在一向對公共事務冷漠的台東街頭，隊伍一拉開來似乎只剩下孤單的兩三排，然而大家還是高興又堅定的走完了。不管台東人怎麼想，至少我們試圖分享觀點來改變一些人。

身為農夫忙著務農都來不及了，竟還有時間參與這些事？

也許這就是我們幾個人的另一個共同點，不願意冷漠的面對社會，希望辛苦耕種養家之外，也能做一點我們相信對社會有用的事，至少撒一些希望的種子，雖然不知道種子會不會長大而開花結籽，卻還是想做！

我們各自將希望的種子四處撒，比如一位農友募捐舊書與電腦送到鄰近原住民部落、熱心發起保育團體台東分會的再次運作等；另一位農友參加村裡的大鼓隊、幫忙帶鄰近學校學生體驗農事、旁聽環保聽證會等；還有一位到附近小學當義務客語老師、帶客家讀經班、太太則是擔任校園愛滋病防治大使等。我們似乎不太像傳統的農夫，除了農事，還做其他事，這是不是傻子的特點呢？

從定期聚會開始，幾個原本沒有交集的人變成好友，因為彼此經常見面討論又有友情的基礎，慢慢地，就開始討論如何在農作物的銷售上互相幫助。一般農夫種出的水果交給行口（青果行），農夫只要專心種植，不必管怎麼賣、不必管誰吃。

然而我們的耕種方法特別，安全又有原本風味的水果，輕易交給只在乎作物外觀與大小的行口，是我們不願意的，當然行口也不收這種因為不噴藥，所以外觀難免有瑕疵的水果。走上自然農法的我們必須自己扛起銷售的重任。

很少農夫直接面對消費者銷售。我們幾個人剛開始時沒有經驗，農場又在遠離西部都會的台東，整天務農也認識不了幾個人，萬一水果長得多，該要如何賣呢？

從一開始耕種，我們就知道銷售將成為度過自然農法轉型瓶頸後的最大困擾。

單一果園經常面積可達幾分地，一、兩百株樹若順利盛產，幾千斤的水果短短幾週到一個月內就要採下，水果熟了，不能掛在樹上等消費者訂。錯過那一兩天最適當的採收期，就不能放在箱子裡寄出，只能自己吃了！

一個家庭最多買一箱十斤的水果，幾千斤就是幾百個家庭啊！去哪裡找到茫茫人海中的這幾百個家庭呢？

雖然大家都不知道如何銷售，但我們都抱持一個簡單的信念：用安全、純淨又保護環境與生態的農法種出的水果，只要有了不錯的品質與風味，一定有人賞識。

大多數的農業不像電子業做代工生意可以先找到訂單才生產，必須先種得出來才能賣，但是菜金菜土，等種出來找不到消費者就浪費一季的努力！

我們決定打破這種局面，讓要產出的水果都先找到要訂購的消費者，於是大家開始寫自己的部落格，透明化我們的農耕思考，也讓消費者認識我們。

我們也願意互相幫忙串聯彼此的消費者，讓各自的農作物訊息都能傳播出去；如果「秀明自然農法」農夫能形成一個網絡組織，群體力量大過於單打獨鬥，透過有計畫的推廣與說明，一個、兩個、三個……消費者終能慢慢出現，這是我們共同的夢想，也是共同的責任。我們都是農夫，也是業務員、行銷人員。

聚會二年了，我們決定自發的舉行一年兩次的「秀明自然農法」農夫台東市集，想讓來訪的朋友能嘗一嘗食物的真正味道、做飲食的教育、一起農耕的體驗，讓更多人能了解食物不只是食物，還是我們的生命、文化、生活與環境。

至於市集能做到多少成果就不是那麼在乎了！我們的理想很單純，要做的事很多，農耕也尚未穩定，然而因為有彼此相伴，更能樂在其中繼續前進。二年來，台東也有更多的朋友加入「秀明自然農法」農友的行列。
這條路愈來愈熱鬧，我忍不住想大聲的說：「有你真好！」

附錄

附錄一：我對鄉間自給自足的建議

偶爾有新朋友來農莊當義工，體驗農耕生活，並與我們經驗交流。這些朋友中，有些想當專業農夫，有些想退休過耕讀生活，但較多朋友的目標是到鄉下買一片土地，過著自耕的自給自足生活。我想提出一點對農地規劃的建議給這些朋友。

先建立基本觀念，如果人人都在農地上蓋起名為農舍，實為大別墅的房子（就像現在的宜蘭），台灣鄉村的農田與環境都將被破壞，愈多建設就是愈多的破壞。擁有一片鄉村農地卻僅用來當草坪，過美式生活、享受美景，卻不事農業生產的生活，這樣的模式更是糟蹋珍貴的農地。

如果是已近五十歲，提早退休的兩個人，且經濟收入已有準備，不是作專職農夫，只是想要食物自給自足，我認為要做到蔬菜、部分水果與稻米的自給自足應該不是難事，兩分半（七百五十坪）大小的土地，對兩個人綽綽有餘了。以下是我對土地分配的建議。

屋舍基地：50坪

田間小屋的牆內面積不要超過25坪（只要13坪對兩人也夠了），加上周圍的屋簷與迴廊，應該可以控制在50坪的土地內。

在鄉村應把時間留在戶外，屋子只是遮風蔽雨、讀書與睡覺用。用最簡單與在地的建材，自己動手做最簡單的裝潢，可以參考自力造屋案例與精神，或者建築師在東海岸實踐的「自然建築」案例，這些建築的想法都與自己動手做、在地資源利用有關。

生活用地：５０坪

工具室、水塔、屋子前後的通道與小空地、停車場（不要為車子浪費資源做停車棚，在鄉下不開車是更好）空地盡量不要用不透水的鋪面。

花園：２５坪

不要花力氣做美觀卻浪費水的美式草坪，或是精緻卻不自然的日式花園，農家應該用自然長出的草地、多年生草木、易照顧的矮灌木，野外蒐集的在地野花，組成有野性與生氣的英式花園。

生態池：２５坪

一個不大的水池可營造成多樣生物（青蛙、蜻蜓幼蟲、水生植物等）的棲地，若是平均約60公分深，大概可以蓄水50噸，至少可以使用到25噸，對下述的小菜園與小果園應該已足夠。水生植物可將耕種用水簡單、淨化，也可以種植可食的水生作物，「荒野保護協會」有一本有關溼地營造的小書可以參考。

污水生態淨化池：5坪

鄉村沒有污水下水道，也大多沒有污水專用水溝，居民通常都是將家庭污水排到水溝或是水圳。最好先將生活污水先攔下油污後，再排入獨立的生態淨化池，待淨化後再排至前述的生態池。生態淨化池可以種植蘆葦或菖蒲等植物，這類植物會吸收污水的營養物質，將污水變乾淨。可以找到相關「蘆葦床污水處理系統」的論文，當作設計污水生態淨化池的參考。

果樹：100坪

一百坪土地可以寬鬆的分配給10棵中型的果樹（一般專業果農約留8坪給1株中型果樹），還能在果樹間混種一些草本水果，如木瓜、香蕉、火龍果等，樹下可以種植較耐蔭的矮灌木作物，最下層的土地還能種點如地被的耐蔭多年生野菜。

果樹幾年後長大，依正常經驗，每年應該可以有兩百五十斤以上水果採收，除了鮮果，還能做成果醬、酵素等加工食品。

蔬菜：25坪

扣除菜畦間的走道，可以做成5.5公尺長（1公尺寬）的長菜畦約8畦，可以種下至少8至16種蔬菜，用「秀明自然農法」耕種，有穩定的經驗後，每兩個半月間，可以採收至少50斤蔬菜，若種菜前先育苗，會有更快的收成。

雜糧：50坪

種一半玉米與一半地瓜等，用「秀明自然農法」耕種，有穩定的經驗後，每四個月約可採收至少幾十斤的地瓜與玉米。

水稻：300坪

若是有足夠且潔淨的水源可以引入，土質與環境也適合，種這樣面積的水稻對兩人應該不是問題。用「秀明自然農法」耕種，有穩定的經驗後，一期稻作應該可以收稻米大約三百斤，已足夠兩人一整年所需了。比較難的是因面積小，不容易找到插秧機與收割機等代耕農機。

綠籬與大樹：１２０坪

若是正方形之2.5分地，可做一圈2公尺繞兩百公尺周長的綠籬，每10公尺間種下大樹（一定要多種大樹，對地球有太多好處了），綠籬灌木可以種有收成的多年生植物。

以上十種功能運用的土地，總共七百五十坪（2.5分地），考慮地形、土質、氣候、坡度、水源、日照、鄰地狀況與各人需求後，或許面積會增減，但這些土地的運用，是想要糧食自給自足與永續生活所必須的，至於農作物產量就靠老天爺與經驗了，若用「秀明自然農法」種多樣的作物，因為農事管理過程更單純且面積不大，應該更容易上手。除此之外，最好還要有一小區土地可以不管它，讓它變成荒野，使適合的生物做為棲地之用。

至於這麼多農事，對只有兩個也許50歲左右，或更年輕的朋友負荷得了嗎？以我家的經驗，度過草創的辛苦期，有農耕經驗且農作物成形後，應該只要用生活的部分時間做農事就夠了。

剩下的時間不要整天喝茶、泡咖啡的輕鬆度日，建議撥出時間去幫助鄉下的小孩、老人與社區。融入村莊生活，為地方做點事，建立住在鄉村的人情連結，這是比自給自足的滿足之外，更重要的心理依歸。

這是兩年多來農耕生活經驗所整合的建議，給正在作田園之夢的朋友參考。有夢最美，願大家築夢踏實！

附錄二：自然農法推展與自給自足的土地規劃

在台灣，一般小農為了管理方便，大多只種一至兩種較大面積的主要作物，雖然不如美國的廣闊面積，但仍屬集約種植。一直種相同的作物，農民可以累積經驗，種植成本可以因為經濟規模與管理簡化而降低，這樣的種植方式是以經濟與效率考慮的必然結果。

但每個地區適宜且具競爭力的農作物通常不多，比如我們這裡主要種鳳梨、香蕉與茶葉，因為氣候與土壤適合這些作物，災害較少，品質較好，只要大環境供需平衡，農家的所得也穩定。

所得＝產量×單價－成本

慣行農法的農產品單價不高，要有足以支持家庭生計的所得，就需要有足夠的產量，因此種植面積擴大。但是面積變大，農務就倍增。

若採用自然農法，不用殺草劑，只用中耕機、割草機，或手拿鐮刀除野草，在台灣夏天的高溫、高溼環境下，一下過雨，野草就暴長，不到一個半月，野草又長及膝，頻繁的除草確實耗費體力。農夫不想耗費許多精力割草，即使明知殺草劑對土壤不好，通常還是選擇最輕鬆、方便的殺草劑。所以集約的大面積耕作，就形成自然農法推動的阻力之一。

若無雇用幫工，僅靠小農以自然農法管理的面積就會有限。面積不大，產量有限，要維持生計，售價就會比較高。

自然農法是高度勞動的作為，若消費者無法認同、接受勞動的價值，無法重視對地球友善的耕作方式，就無法接受較高單價之自然農法農作物，則自然農法的推展勢必受阻。現階段社會願意付出較高價，支持自然農法的人仍是少數。

要解決這銷售與收入上的問題，我們只能先改變農夫自己的消費行為與生活型態，盡量過簡單生活。

其他的努力還有：

1增加消費人口。

藉由部落格與見面的宣傳，讓更多人了解自然農法的價值。

2改善管理技術，使產量與品質更穩定。

藉由地區的自然農法農友交流與自我進修來做到。

3增加農產品的附加價值。

4減少支出。

做好工作流程規劃、工具保養等。

最後一項努力就是適度擴大面積，例如我們在二〇〇五年時，購買與租借的農地已達一甲5.5分（約四千五百坪）。共分三塊，一塊為自有土地一甲（楊桃園六分多）；另一塊租借土地種植約2.5分鳳梨；最後一塊也種植約三分的鳳梨。

四千五百坪有多大？換算成公制約14800平方公尺，也就是長148公尺×寬100公尺，大約是2.3個標準足球場（65×100平方公尺）的大小。

這個不小的面積足以讓足球員滿場飛奔，氣喘如牛，對用慣行農法的果農也不算小了，更是我家耕作的主要困難。太太要分身擔任家庭主婦角色，只能算半個人力，所以全家只有1.5個人力，我們要照顧近兩百株楊桃樹、幾千株鳳梨，還得兼顧銷售、宣傳與推廣，又使用少見的自然農法，加上沒務過農，時時在學習，這麼多角色要扮演，耕作時間，總顯得緊湊無暇。

但是不如此做，無以確保我家以農業為主要收入的目標，因為兩種主要作物：楊桃與鳳梨，各是不同季節、各有生長特性，如此才能降低台東易有的天災損失：就算楊桃歉收，鳳梨總還有一定收入。另外因土壤的淨化與作物的調整需要時間。在這之前，產量不夠，就需要更大的面積來彌補。

現代的農村已形成專業分工的架構，除了自種幾種蔬菜外，許多農家的大部分食物都是外購；相較三十多年前，農村有較大比例的食物自給自足、且自製堆肥、牽牛耕田、釀製醬油等。

現在大家享受便利與富裕，忽視勞動價值，即便在農村，輕鬆省力也是農夫普遍的追求，種多樣蔬菜或水果要費許多精神與體力，去市場上買反而更便宜。

在我們家，我們則希望食物盡量自給自足，自己吃得安心與健康，也更珍惜吃自己種的食物的意義，所以除了楊桃與鳳梨之外，仍有約四分地是用來滿足我家的食物自給自足需求。

於是我們的農地規劃就多了些不同：蔬菜是每天的所需，住鄉下還經常去買菜，實在說不過去；大樹讓農地有生命、降低溫度、涵養水份、增加生物多樣性；生態池是降溫與誘引更多生物聚居；多樣的果樹是讓我們除了楊桃、鳳梨外，仍有一年四季的水果。

現在規劃都已定型，有多種水果、多種蔬菜，還得自己賣農作物……每種作物都要照顧，都要在正確的季節做正確的農事。對於只有兩年多經驗的我們，每天都有不知從何下手的抉擇。

為了自己的樂趣、為了想過農家的生活、為了自然農法的推展，太太與我每天一同工作。在小孩的純真臉孔看望下，在美麗的都蘭山凝視下，即使每天有做不完的事，我們倆還是一步一步的向前推進，每天都做一點點。

日積月累後也做了不少，這就是農業，雖平淡卻又有挑戰。

國家圖書館預行編目資料

種下200%的樂活幸福／林義隆著. -- 初版.
-- 臺北市:寶瓶文化, 2009. 06
面； 公分. --(enjoy；42)

ISBN 978-986-6745-73-7（平裝）
1. 修身 2. 生活指導

192.1 98009040

寶瓶 AQUARIUS

enjoy 042

種下200%的樂活幸福

作者／林義隆
主編／張純玲

發行人／張寶琴
社長兼總編輯／朱亞君
主編／張純玲・簡伊玲
編輯／施怡年
美術主編／林慧雯
校對／張純玲・陳佩伶・余素維・林義隆
企劃副理／蘇靜玲
業務經理／盧金城
財務主任／歐素琪 業務助理／林裕翔
出版者／寶瓶文化事業有限公司
地址／台北市110信義區基隆路一段180號8樓
電話／(02) 27463955 傳真／(02) 27495072
郵政劃撥／19446403 寶瓶文化事業有限公司
印刷廠／世和印製企業有限公司
總經銷／大和書報圖書股份有限公司 電話／(02) 89902588
地址／台北縣五股工業區五工五路2號 傳真／(02) 22997900
E-mail／aquarius@udngroup.com

法律顧問／理律法律事務所陳長文律師、蔣大中律師
如有破損或裝訂錯誤，請寄回本公司更換
著作完成日期／二○○九年三月
初版一刷日期／二○○九年六月
初版三刷日期／二○○九年六月二十九日
ISBN／978-986-6745-73-7
定價／三○○元

AQUARIUS 寶瓶 文化事業

愛書人卡

感謝您熱心的為我們填寫，
對您的意見，我們會認真的加以參考，
希望寶瓶文化推出的每一本書，都能得到您的肯定與永遠的支持。

系列：Enjoy042　**書名：種下200%的樂活幸福**

1.姓名：＿＿＿＿＿＿＿＿　性別：□男　□女

2.生日：＿＿＿年＿＿＿月＿＿＿日

3.教育程度：□大學以上　□大學　□專科　□高中、高職　□高中職以下

4.職業：＿＿＿＿＿＿＿＿

5.聯絡地址：＿＿＿＿＿＿＿＿＿＿＿＿＿＿＿＿＿＿＿＿

聯絡電話：＿＿＿＿＿＿＿＿　手機：＿＿＿＿＿＿＿＿

6.E-mail信箱：＿＿＿＿＿＿＿＿＿＿＿＿＿＿＿＿

□同意　□不同意　免費獲得寶瓶文化叢書訊息

7.購買日期：＿＿＿年＿＿＿月＿＿＿日

8.您得知本書的管道：□報紙/雜誌　□電視/電台　□親友介紹　□逛書店　□網路
□傳單/海報　□廣告　□其他

9.您在哪裡買到本書：□書店，店名＿＿＿＿＿＿　□劃撥　□現場活動　□贈書
□網路購書，網站名稱：＿＿＿＿＿＿＿＿　□其他＿＿＿＿＿＿＿＿

10.對本書的建議：(請填代號　1.滿意　2.尚可　3.再改進，請提供意見)

內容：＿＿＿＿＿＿＿＿＿＿＿＿＿＿＿＿

封面：＿＿＿＿＿＿＿＿＿＿＿＿＿＿＿＿

編排：＿＿＿＿＿＿＿＿＿＿＿＿＿＿＿＿

其他：＿＿＿＿＿＿＿＿＿＿＿＿＿＿＿＿

綜合意見：＿＿＿＿＿＿＿＿＿＿＿＿＿＿＿＿＿＿＿＿＿＿＿＿

11.希望我們未來出版哪一類的書籍：＿＿＿＿＿＿＿＿＿＿＿＿＿＿＿＿

讓文字與書寫的聲音大鳴大放

寶瓶文化事業有限公司

(請沿此虛線剪下)

廣 告 回 函	
北區郵政管理局登記	
證北台字15345號	
免貼郵票	

寶瓶文化事業有限公司　收

110台北市信義區基隆路一段180號8樓

8F,180 KEELUNG RD.,SEC.1,

TAIPEI.(110)TAIWAN R.O.C.

（請沿虛線對折後寄回，謝謝）